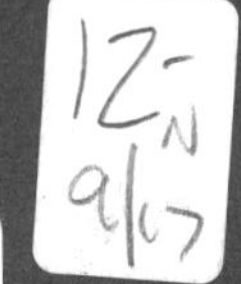

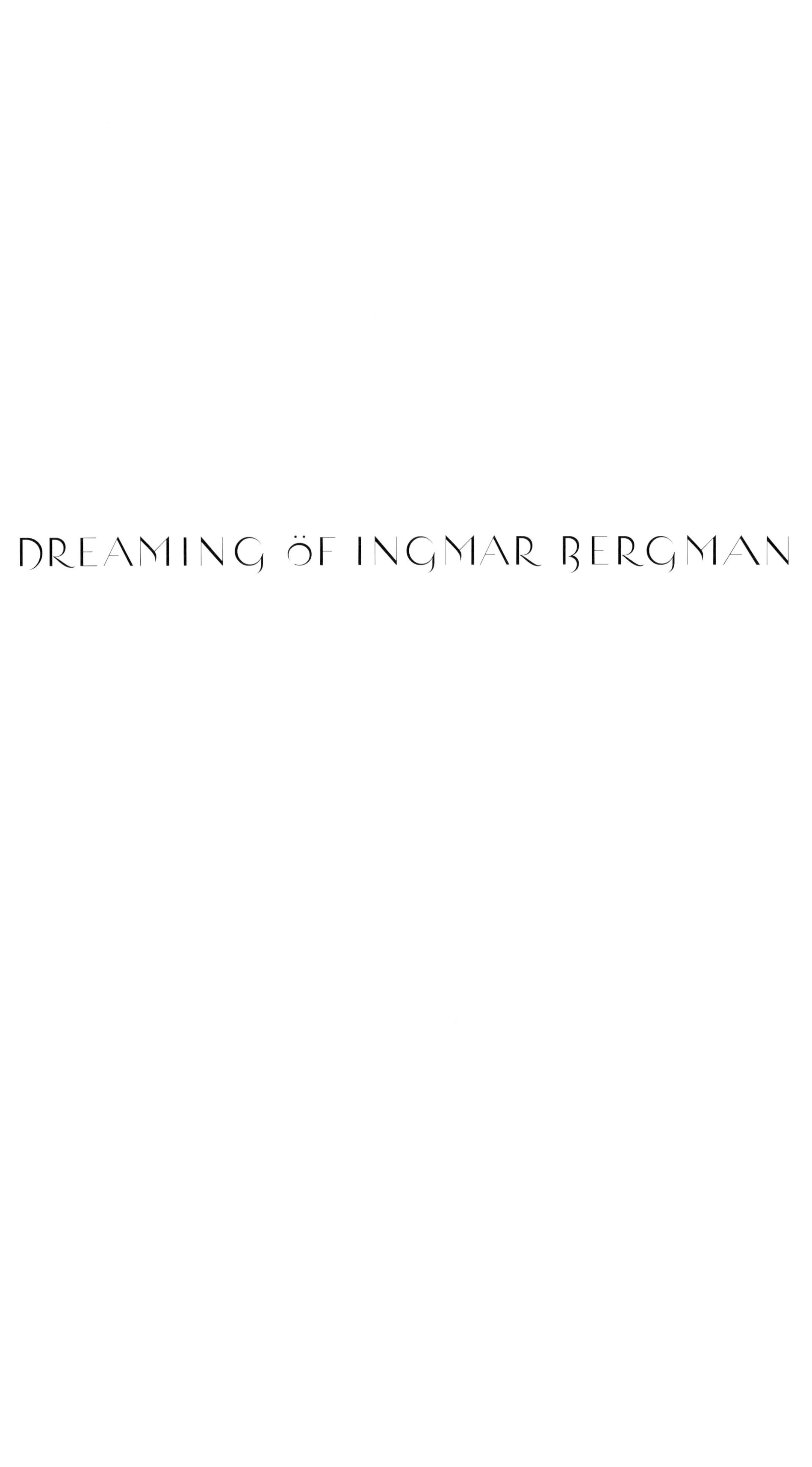

DREAMING OF INGMAR BERGMAN

DREAMING ÖF INGMAR BERGMAN

PHOTOGRAPHS BY JILL MATHIS

DAMIANI

DREAMING OF INGMAR BERGMAN

Jill Mathis

Curated by Roberto Mastroianni

Texts by Ugo Volli & Aldo Garzia

Art direction by Phillip Squier

All photographs used by permission
© Jill Mathis

DAMIANI ©2012

DAMIANI

DAMIANI editore
Via Zanardi, 376
Tel. +39 051 63 56 811
40131 Bologna - Italy
www.damianieditore.it
info@damianieditore.it

Printed in January 2012 by
Grafiche Damiani, Bologna, Italy
www.grafichedamiani.it

ISBN 978-88-6208-215-0

f & f

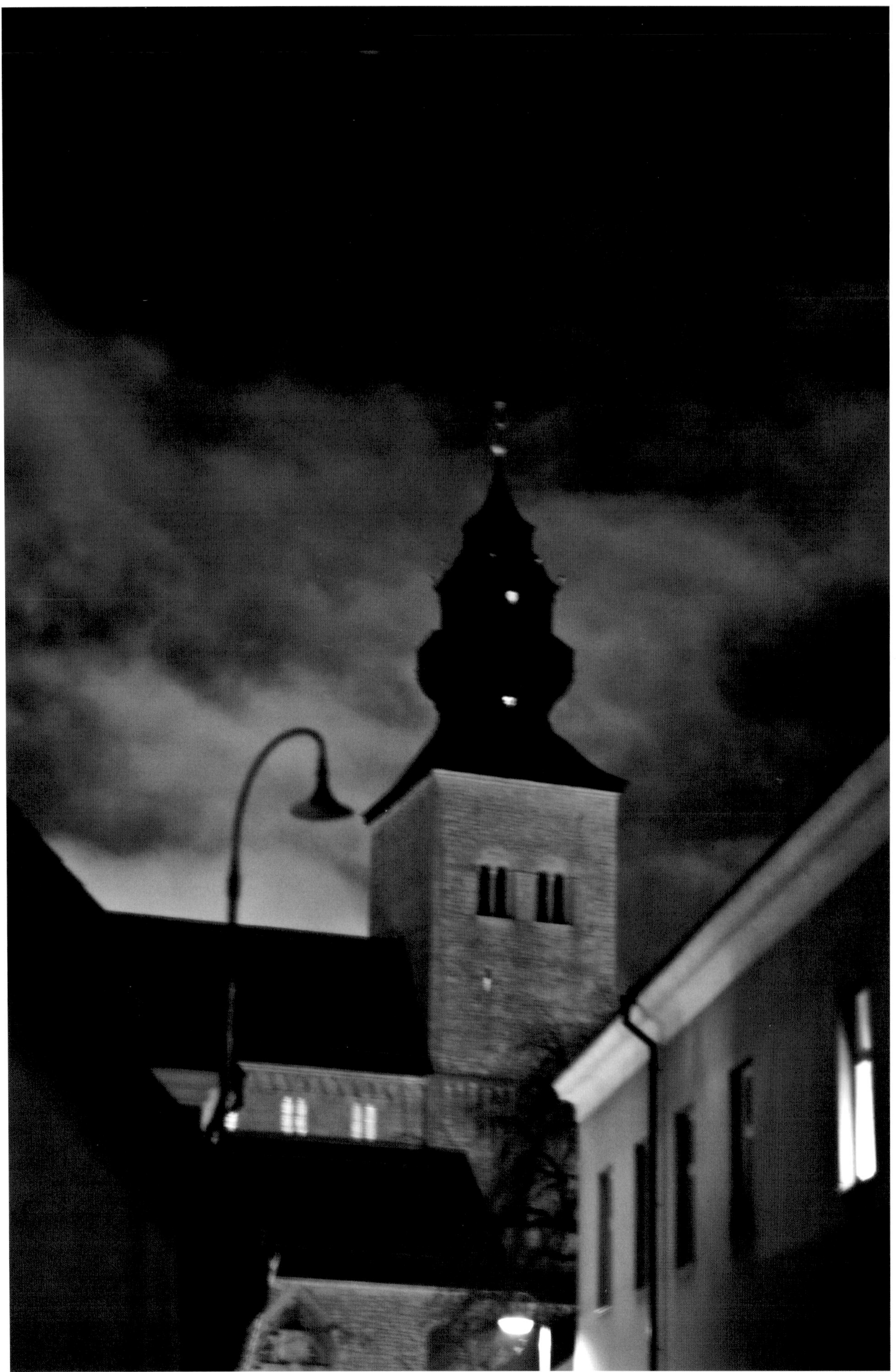

Dreams, as Freud told us, are always heterogeneous. From the material of our everyday lives, we construct forms that ambiguously allude to our worries, our desires and our frustrations, disguising them, however, "transposing" and "condensing" them to keep them from being too easily "censored" by our conscious mind. Dreaming is therefore an ambiguous gesture that regards two separate realities, blends them, disguises them, patches them together according to some obscure logic that replenishes energy and defies meaning.

Perhaps the same is true for artists whose works are inspired by those of other artists: films based on books, paintings that depict mythological or religious subjects, operas based on fairy tales… but also books about books, films about films, paintings of paintings. And naturally photographs from films, like this series by Jill Mathis. Even those works of art which claim with pride – merited or otherwise – to be wholly original, are only significant inasmuch as they are rooted in history, evolved from their precedents, with a shared lexicon. Every re-visitation – every new reading, every remake, every "homage" - is actually a misinterpretation, according to Harold Bloom: a double gesture that captures and rejects, copies and deforms, challenges and exorcises the material that preceded it. This double tension means that the relationship between the two artists takes on a dream-like quality.

A photographic portrait of Bergman's art would be superfluous even if it were possible. It is impossible because it would be absurdly presumptuous to attempt to identify a single image capable of summing up a world as complex and multifaceted as that of Bergman, which has in any case already been expressed by images (in motion, of course, and supported by stories, characters, dialogue and other enriching components, defying synthesis). But it would also be superfluous because the best portrait of Bergman's art is the films themselves. The image of death playing chess in *The Seventh Seal*, that of the magical theatre in *The Magic Flute*, the old Uppsala of *Fanny and Alexander*, the suffering faces in *Scenes from a Marriage* and a host of other images, fruit of

I sogni, ci ha spiegato Freud, sono sempre eterogenei. Con mattoni tratti dalla vita di ogni giorno, costruiscono forme che alludono ambiguamente alle preoccupazioni, ai desideri, alle frustrazioni del sognante, travestite però, "spostate" e "condensate" per non essere facil-mente riconoscibili e sfuggire alla "censura" della coscienza. Sognare è dunque sempre un gesto ambiguo che si riferisce a due realtà insieme, le mescola, le traveste, le combina secondo logiche enigmistiche che restituiscono l'energia e lasciano oscuro il senso.

Forse lo stesso è vero degli artisti che si riferiscono ad opere di altri artisti: film tratti da libri, quadri da miti e racconti religiosi, opere liriche da racconti… ma anche libri da libri, film da film, quadri da quadri. E naturalmente foto da film, come in questa serie di Jill Mathis. E perfino molti lavori, che pretendono con orgoglio più o meno fondato di essere visti come originali, ma sono significativi perché hanno radici storiche, precedenti formali, grammatiche condivise. Ogni rilettura - ogni lettura vera, ogni rifacimento, ogni "omaggio" - è sempre una dislettura, come ci ha spiegato Harold Bloom, un gesto doppio, che cattura e respinge, imita e deforma, sfida ed esorcizza i materiali precedenti. Per questa doppia tensione il rapporto fra due artisti in relazione fra loro somiglia sempre a un sogno.

Un ritratto fotografico dell'arte di Berg-man naturalmente non è possibile e allo stesso tempo sarebbe superfluo. Non è possibile perché sarebbe assurda la pretesa di trovare in qualche immagine la sintesi di un mondo così articolato e complesso come quello di Bergman, che fra l'altro si è espresso a sua volta per immagini (in movimento, naturalmente, e con storie, personaggi, parole e altri complementi che lo rendono ancora più ricco e impossibile da sintetizzare). Ma sareb-be anche superfluo, perché il miglior ritratto che si possa fare dell'arte di Bergman sono certamente i suoi stessi film. L'immagine della morte che gioca a scacchi nel *Settimo sigillo*, quella del teatro magico de *Il flauto magico*, la vecchia Uppsala di *Fanny e Alexander*, i volti feriti delle *Scene da un*

a 50-year-long career: these are the images with which Bergman himself with extraordinary artistry has objectified his fragmented and conflicted psychic landscape. The reasons for the impossibility are the same as the superfluousness of any project aimed at creating a faithful reconstruction of Bergman's world.

There is another, equally important reason. Bergman's world, not in its private dimension, but rather with regards to its social and cultural facets, is extremely idiosyncratic. It belongs to a specific cultural tradition: Nordic-religious, rooted in Kierkegaard and in Strindberg, in severe Protestantism and the social and cultural exclusivity of minds that are closed to any compromise and bound within an ethic of ultimate ends. Nowadays, such an atmosphere seems to have disappeared. Not only does it no longer hold sway in the vast multicultural and consumerist world we live in, it has also faded within its own context, replaced by a far less demanding Nordic hedonism, far more focused on material needs than spiritual depths. Much of Bergman's psychic landscape (inherited from his father, the chaplain to the King of Sweden) is alien to us, remote yet comprehensible, as is the work of Shakespeare, Giotto, Dante. We view it through our own horizon of reason, our own observational distance. We can contemplate it esthetically and reconstruct it historically. We can be moved by it, but not without friction; we are not left unscathed. There can be no pretense to re-writing his work that does not at the same time distance itself, that is not a double reference, in the aforementioned sense of being *dreamlike*.

Bergman's dream by Jill Mathis starts from this distance and charges it by means of her art. Mathis's photographs are not in direct contact with that world. They do not seek to be *traces* of it, other than perhaps by accident or secretly, since a photographic image is formed by capturing a luminous echo, processed by the mechanisms of vision and technology, of the Here and Now (or, more precisely, of the Then and There, of the moment when the picture was taken). This object, in Mathis's images, is *contingent*, in the sense that it could be something different from what it is; and

matrimonio e tanti altri costruiti in cinquant'anni di carriera sono le immagini in cui Bergman stesso con arte straordinaria ha oggettivato il suo paesaggio mentale così frastagliato e conflittuale. Le ragioni dell'impossibilità sono dunque le stesse del carattere superfluo di un progetto di ricostruzione fedele del mondo bergmaniano.

Possiamo aggiungerne un'altra ancora, della stessa importanza. Il mondo di Bergman, nella sua dimensione non privata, ma sociale e culturale, è estremamente idiosincratico, appartiene a una tradizione culturale precisa, quella nordico-religiosa che ha radici in Kierkegaard e in Strindberg, nel protestantesimo severo e nell'esclusività sociale e culturale di quadri mentali chiusi a ogni compromesso e inchiodati a un'etica dell'intenzione. Ora quell'ambiente sembra scomparso. Non solo senza più influenza sul più vasto mondo pluriculturale e consumista in cui viviamo oggi; ma tramontato anche nel suo proprio contesto, sostituito da un edonismo nordico assai meno esigente, molto più attento alle ragioni della vita materiale che alle profondità dell'anima. Buona parte del paesaggio mentale di Bergman (quello che gli fu trasmesso da suo padre, il pastore protestante cappellano di corte) si è allontanato da noi ed è comprensibile, ma remoto come quello di Shakespeare, di Giotto, o di Dante. Lo possiamo vedere attraverso il nostro orizzonte di senso, alla nostra distanza di osservazione, lo possiamo contemplare esteticamente e ricostruire storicamente, ce ne possiamo fare emozionare, ma non possiamo assumerlo senza residui ed attriti. Non vi può essere mai una pretesa di riscrittura che non sia allo stesso tempo una presa di distanza, un doppio riferimento - nel senso che ho appena accennato un sogno.

Il sogno di Bergman di Jill Mathis parte da questa distanza e la prende in carico coi mezzi della sua arte. Le fotografie di Mathis non pretendono un contatto diretto con il mondo, non vogliono essere impronte, se non accidentalmente o segretamente, perché l'immagine fotografica si forma fissando l'eco luminosa rimandata attraverso tutto l'artificio della visione e del mezzo tecnico

also something *significant* that refers to something beyond itself. (We might imagine, but only imagine, that at the heart of this contingency lies a *secret*, a different pathway from the significance that the image takes on; a reference from the heart that makes the image vibrate, not only because of what it shows and alludes to, but also because it is *about* something and set *in* a particular place and time – but now definitely revealing traces of the artist's presence, of her very body. But secret, in fact: never disclosed, that we may merely suspect and perceive the way we might feel distant rumblings of the earth or the vague stirrings of empathy).

Jill Mathis's photographs are not portraits of things, but rather allusions to words. Therefore, they do not *indicate* but rather *signify* with all the complexity inherent to such a relationship. The words remain ambiguous, even when they are not accompanied by homonyms or equivocalities: they have a core meaning but also carry a wide range of connotations; they recall a time in the past when their meanings were different; they are affected by their phonic resemblance to other words; they are rife with metaphor and implicit rhymes. The artist uses this dimension to make sure that the images allude to their meaning but also say something else, so that they become semantically stereoscopic, so to speak. Or, if we prefer, we could say that they express *dreams* and not merely *signs*. The word is interrogated about its meaning, turned on its head, put into a state of tension with itself. Within its semantic space, an "objective correlative" (Eliot) is formed which can both surprise and illuminate, but may also *betray* the word, both in the sense of giving it away or communicating it and of catching it off-guard, revealing what is behind it.

This word-based method can be applied richly to this work on Bergman. The words from which her research originated are those that can be extracted (that Jill Mathis chose to extract) from the filmmaker's body of work. Not images pretending to be equal to the visionary world of Bergman, but words that come out of it, conceptualizing it, transporting it and evaluating it at the same time. These words provide the matrix for the images to

da qualcosa che c'è qui e ora (o meglio: che c'è stato, lì e allora, quando la fotografia è stata scattata). Questo oggetto, nelle immagini di Mathis, è contingente, nel senso che potrebbe essere altro da quel che è; e ancora è un significante la cui funzione è rimandare ad altro da sé. (Possiamo immaginare, ma solo immaginare che nel cuore di quella contingenza ci sia un segreto, un altro percorso diverso da quello della significazione assunta dall'immagine, un riferimento del cuore, che fa vibrare quell'immagine non solo per ciò che mostra e cui vien fatta alludere, ma anche per essere di qualcosa in un luogo e in un tempo - un rapporto questo sì di impronta con la presenza dell'artista, col suo stesso corpo. Ma si tratta di un segreto, appunto: mai svelato, che possiamo solo sospettare e percepire come si sente la vibrazione lontana della terra o l'empatia dei sentimenti).

Nell'arte di Jill Mathis le fotografie non ritraggono cose, ma alludono a parole; non indicano dunque, ma significano, con tutta la complessità di questa relazione. Le parole sono sempre ambigue, anche quando per caso non siano arricchite da omonimie e plurivocità: hanno un nucleo referenziale ma si portano dietro un largo spettro connotativo, ricordano un passato in cui volevano dire altro, risentono della somiglianza della loro sostanza fonica con altri vocaboli, contengono metafore e rime implicite. L'artista usa questo spessore per far sì che le immagini alludano al loro senso, ma dicano anche altro, siano per così dire semanticamente stereoscopiche. O, se vogliamo, che del loro concetto siano sogni e non semplicemente segni. La parola viene interrogata rispetto al suo senso, rivoltata, messa in tensione con se stessa; nel suo ambito semantico si ritaglia un "correlativo oggettivo" (Eliot) capace di sorprendere e di illuminare, ma anche di tradire la parola, nel doppio senso di tramandarla o comunicarla e di spiazzarla, di rivelarne il retroscena.

Tale metodo si applica con particolare ricchezza a questo lavoro su Bergman. Le parole da cui è partita la ricerca sono quelle che si possono estrarre (che Jill Mathis ha voluto estrarre) dalla grande opera del regista. Non immagini che

which they allude. They seek some icon hidden in the cracks of its complexity of meaning, to illuminate both Bergman himself and our arduous relationship with him; to be the search for the secret of one creative mind and the self-portrait of another creative mind; a dream and a re-write.

These images – these puzzles – are also a response to another significant bond, the first to strike the reader, and perhaps also the last to complete this visual project. They are set in typical Bergmanian landscapes, especially his beloved Farö island, refuge for meditation, location for many of his films, but also, we may suppose, a land of dreams and creative fantasies. These landscapes are nearly monochromatic, particularly rugged and untouched by modern life; places which in many ways are archetypal, which we are drawn to admire (or even regard with awe, which is really the same thing) without ever actually feeling like we actively belong.

abbiano la pretesa di un'equivalenza al mondo visivo bergmaniano, ma parole che ne escono, concettualizzandolo, spostandolo, valutandolo al tempo stesso. Queste parole sono le matrici di immagini che vi alludono, secondo il metodo accennato, cercando negli interstizi della complessità del senso un'icona, capace di illuminare allo stesso tempo Bergman e il nostro difficile rapporto con lui, di essere ricerca del segreto di una mente creativa e autoritratto di un'altra mente creativa, sogno e riscrittura.

Queste immagini - questi rebus - rispondono però a un'altro vincolo significativo, il primo che colpisce il loro lettore, anche se forse l'ultimo a completare il progetto visivo. Esse sono ambientate nei luoghi bergmaniani, soprattutto nella sua amata isola di Fårö, rifugio di meditazione, set di molti film, ma anche, possiamo immaginare, luogo di sogno e di sogni creativi. Sono paesaggi quasi monocromatici, particolarmente forti e non intaccati dalla contemporaneità; luoghi in molti sensi archetipici, che in queste immagini noi siamo portati a guardare con ammirazione (o, il che è lo stesso, con meraviglia), senza sentircene mai davvero parte attiva.

Ugo Volli

THROUGH A LENS DARKLY. LOOKING FOR INGMAR BERGMAN.

A TASTE FOR SECRETS

This is not a book about Ingmar Bergman, but rather a book with Bergman, that spotlights three generations, three different cultures and three separate perspectives, but with a common focus on the the relationship between images, words and human existence. Ingmar Bergman and Jill Mathis meet in a territory bound by the relationship between images and words. Roberto Mastroianni takes the role of the observer with an off-camera, philosophical voice. He engages the two artists in a dialogue while remaining both inside and outside of their discussion, much like a foreigner who, not knowing the language well, cannot completely understand the cried and whispered secrets of the two artists. From this improbable dialogue comes a posthumous artistic/philosophical conversation that leads the philosophic observer to wonder just what that secret is that the two artists are hiding: the value of human existence is safeguarded in that heightened awareness that develops on the overlapping border between images, writing and words; there where narrative becomes story and performance and meaning take center stage. All three, in some ways, cultivate a certain *pleasure of secrecy* and this book is an image-driven narrative of the journey on a quest to find that which is hidden, waiting for it to be revealed: the value and the dignity of human existence, with all its misery and greatness.

This book is, therefore, the incomplete result of a journey and an incessant dialogue which for many years and in many ways has led all three subjects of the conversation to meet, to clash and to seek out one another sometimes obsessively or conflictually, sometimes with tenderness, comfort, inquiry and consolation. In this way the existential, quasi-religious value of the images that characterize Bergman's poetic vision come face to face with the artistic/etymological research of Jill Mathis; the Swedish spaces of Bergman's films (Stockholm, Fårö Island…) become the natural setting for delving into existential themes and concepts which are thus seen and recounted "Through A Lens Darkly" - the lenses of Bergman and Mathis – which is like seeing them in a mirror, "Through A Glass Darkly."

Bergman was a master at the art of investigating human nature, dealing with themes, questions and problems which have been deemed worthy of contemplation for many generations, so that reopening the dialogue that was interrupted by his death is a natural step to take; seeking Bergman and his secrets in those places where he had chosen to live and work, facing his demons (which, at the end of the day, are also our own) and accepting the challenge: to narrate the secrets of humanity through images and words.

SEEKING BERGMAN

Retracing Bergman's footsteps means following the tracks of that Luciferian figure, obsessed by his personal demons, to the end of the world: to a place where we seem to hear "the Silence of God;" through a lunar landscape where the sky meets the earth and the space between the sea and the clouds is evanescent: such are the sensations we experience in visiting Bergman's landscapes on the Island of Fårö. To find oneself standing before the Raukars is to fully understand the words of the director in his autobiography, The Magic Lantern, when he says, "We stood there, slightly bent forward to face the storm, with our eyes tearing from staring at those mysterious, divine images [...]. To tell the truth, I don't know what happened. If one wished to be solemn, it could be said that I had found my landscape, my real home." To find Bergman, you need to begin with "his landscape," his "real home." Only in this way can we fully understand the existential dimension of this Swedish director, so aptly reflected in such a primitive and austere metaphysical place. Fårö thus became an ontological/anthropological metaphor for a human and artistic dimension that

IL GUSTO DEL SEGRETO.

Questo non è un libro su Ingmar Bergman, ma un libro con Bergman, che mette in scena un dialogo tra tre generazioni, tre culture nazionali e tre punti di vista differenti con al centro il rapporto tra immagine, parola ed esistenza umana. Ingmar Bergman e Jill Mathis si incontrano sul terreno delimitato dal rapporto tra immagine e parola, mentre Roberto Mastroianni si pone come uno sguardo e una voce filosofica fuori campo che con i due artisti dialoga, stando sempre dentro e sempre fuori dal confronto, come uno straniero che non conoscendo bene la lingua non comprende fino in fondo i segreti sussurrati e gridati dai due artisti. Da questo dialogo assurdo e impossibile nasce una conversazione artistico-filosofica postuma che porta lo sguardo filosofico ad interrogarsi proprio su quel "segreto" che i due artisti custodiscono: il valore dell'esistenza umana depositata in quell'eccesso di senso che cresce al limite tra l'immagine, la scrittura e la parola, là dove le narrazioni si fanno storie e rappresentazioni e il senso viene messo in scena. Tutti e tre, in qualche modo, coltivano un certo "gusto del segreto" e questo libro è una narrazione per immagini di un viaggio alla ricerca di ciò che viene tenuto nascosto in attesa di essere svelato: il valore e la dignità dell'esistenza umana con le sue miserie e le sue grandezze.

Questo libro è quindi il risultato incompleto di un viaggio e di un dialogo incessanti che per molti anni e che in modi diversi ha portato i tre soggetti della conversazione ad incontrarsi, scontrarsi e cercarsi, a volte, in modo conflittuale o ossessivo, a volte, con tenerezza, conforto, interrogazione e consolazione. In questo modo il valore esistenziale, si potrebbe dire quasi religioso, delle immagini che caratterizzano la poetica bergmaniana incontra la ricerca etimologico-artistica di Jill Mathis; gli spazi svedesi in cui Bergman ha vissuto o ambientato i suoi film (Stoccolma, l'Isola di Fårö...) diventano la scenografia naturale di una ricerca su temi e concetti esistenziali che vengono in questo modo visti e raccontati "come in un obbiettivo" (Through A Lens Darkly), attraverso un obbiettivo (quello di Bergman e quello di Mathis), che è "come in uno specchio" (Through A Glass Darkly).

Bergman è stato un maestro nell'arte di interrogare l'umanità, mostrando temi, questioni e problemi su cui molte generazioni hanno ritenuto importante fermarsi a riflettere, è stato quindi naturale riannodare un dialogo spezzato dalla sua morte, cercando Bergman e i suoi segreti là dove lui aveva deciso di vivere e lavorare, sfidando i suoi demoni (che alla fine, in qualche modo, sono anche i nostri) e accettando la sua sfida: la narrazione dei segreti dell'umanità attraverso le immagini e le parole.

CERCANDO BERGMAN

Seguire le tracce di quella figura luciferina e ossessionata dai propri demoni, percorrere le orme di Bergman e spingersi alla fine del mondo, in un posto in cui sembra di sentire "Il silenzio di Dio", attraversare un panorama lunare, in cui il cielo sembra convergere con la terra e lo spazio tra il mare e le nuvole diventare sottile: è questa la sensazione che si ha percorrendo i luoghi bergmaniani dell'Isola di Fårö. Trovarsi davanti i Raukar fa comprendere le parole del regista in *Lanterna magica*: "Restammo lì in piedi un po' piegati per far fronte alla tempesta, mentre i nostri occhi lacrimavano a furia di osservare quelle misteriose immagini divine [...]. In realtà non so quel che accadde. Se si vuol essere solenni, si può dire che avevo trovato il mio paesaggio, la mia vera casa". Per cercare Bergman bisogna partire dal "suo paesaggio", dalla sua "vera casa", solo in questo modo si comprende quella dimensione esistenziale del drammaturgo svedese che ben si rispecchia in quello spazio metafisico così primitivo ed essenziale. Fårö diventa così la metafora onto-antropologica di una dimensione umana e artistica che pone le distanze da quel paesaggio

sets itself apart from the Nordic-religious landscape of his father's Protestantism, which so greatly influenced Bergman and from which he sought all his life to escape, while searching in any case for the magic that the Swedish Social-Democratic rigor sought to squelch, hide and eliminate. In that space, caught between and bordered by the narrow-minded spaces of the ethic of ultimate ends and Nordic Protestant guilt, between Social-Democratic rigor and the rampant hedonism of the Scandinavian 60's, dwelled the aesthetics of Bergman's poetic vision. Fårö thus became both Bergman's "home" and his private "Hollywood" because it seemed to resonate with the maxim by Kierkegaard that Bergman believed in: "To pay attention to the truth, one must seclude oneself, isolate oneself from the herd. And that alone is enough to strike more anxiety

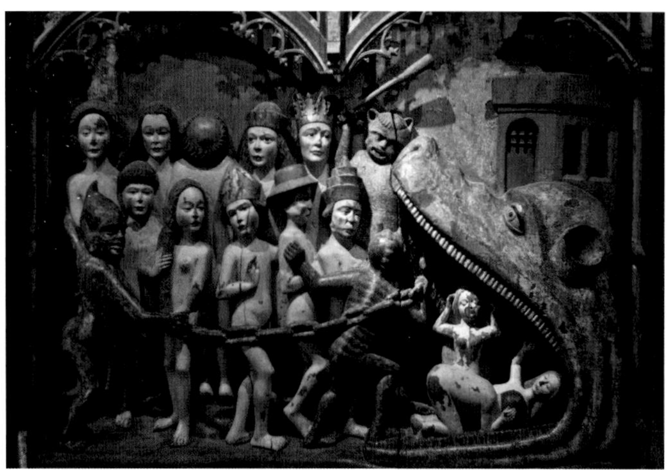

and fear in the heart of man than death itself." This maxim is the key to his Nordic existentialism in which you see the influence of the Danish philosopher (Kierkegaard) and of a Russian writer such as Dostoevsky and a poet like Strindberg. It is no coincidence that his encounter with "his landscape" occurred during the filming of "Through a Glass Darkly" (1960), when his search for religious and existential poetry was at its strongest (the "religious trilogy" - Winter Light, Through a Glass Darkly, The Silence). Bergman's existentialism, in fact, was not random but rather part of a broader cultural current that was running through continental Europe from the late nineteenth century to the middle of the twentieth century. In this respect, the director's thought is closely linked to a Nordic version of existentialism which somehow got tinged with religious overtones somewhere between Denmark (Kierkegaard) and Russia (Dostoevsky), while differing greatly from the philosophical-ontological characteristics of the German philosophy of existence (Jaspers, Heidegger...) or French literary politics (Sartre, Camus ...). It is no coincidence that the first country where Bergman's films were well-received was Italy, where the existential and religious issues touched on by the director resonated with issues being raised by an emerging philosophy of existence, both heir to and somehow antagonist to the waning dominance of idealism (Pareyson). The existential key to understanding Bergman's poetry was immediately grasped in Italy. It was applied to religion, especially by Catholic-born critics, without realizing, however, that the Swedish playwright's research was meant to be a means by which he could distance himself from his father's Protestantism and move instead towards an existential anthropology which sees man, with all his greatness and in all his misery, as the center of his poetry and reflection.

The concepts of Nordic Protestantism such as sin, guilt, grace, forgiveness, punishment, confession, that impacted the early life of the filmmaker came to be in sharp contrast with the neuroses and obsessions of an artist who decided to come to terms with his demons and a world where social history was rapidly changing. In this way, Bergman went beyond religion, seeking a human dimension that would confirm the dignity and value of existence in the face of modern secularization and disenchantment.

As the artist was to write in his autobiography: "At that time I still held on to some of the withered remains of my childish piety. I had until then held a totally naïve idea of what one would call a preternatural salvation", and then I matured the idea that "man is responsible for his own health, here on this earth, without any need for supernatural explanations." In this way Bergman challenges a religiosity marked by an

nordico-religioso del protestantesimo paterno, che tanto influenza Bergman e da cui lui cerca di allontanarsi per tutta la vita, cercando comunque la magia che il rigorismo della socialdemocrazia svedese tentava di accantonare, nascondere ed escludere. In quello spazio tracciato e preservato tra gli spazi mentali chiusi dell'etica dell'intenzione e della colpa del protestantesimo nordico, il rigorismo socialdemocratico e l'edonismo scandinavo post sessantottino si inserisce l'estetica e la poetica bergmaniana. Fårö diventa cosi "la casa" e la "Cinecittà bergmaniana" proprio perché sembra rispondere a quella massima kierkegaardiana, che Bergman aveva fatta propria: "Per fare attenzione alla verità, occorre appartarsi, isolarsi dal gregge. E questo solo è sufficiente per incutere all'uomo più angoscia e paura della stessa morte". In questa massima

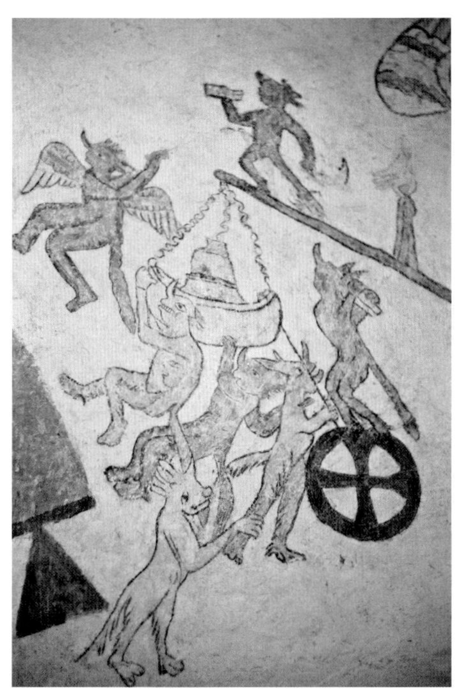

c'è la cifra di un esistenzialismo nordico che vede le influenze del filosofo danese (Kierkegaard) e di uno scrittore russo come Dostoevskij e di un poeta come Strindberg e non è un caso che l'incontro con il "suo paesaggio", sia avvenuto durante le riprese di *Come in uno specchio* (1960), nel momento in cui la ricerca religiosa ed esistenziale della poetica bergmaniana era più forte (la "trilogia religiosa"- *Luci d'inverno, Come in uno specchio, Il silenzio*). L'esistenzialismo di Bergman, infatti, non è casuale e si inserisce in quella più ampia corrente culturale che da fine ottocento a metà del novecento percorre l'Europa continentale, in questo il regista è strettamente legato alla declinazione nordica di un esistenzialismo che tra la Danimarca (Kierkegaard) e la Russia (Dostoevskij) si tinge di tonalità religiose, differendo molto dalle caratteristiche ontologico-filosofiche della filosofia dell'esistenza tedesca (Jaspers, Heidegger...) o politico letterarie francesi (Sartre, Camus...). Non è un caso infatti che il paese di maggiore e precoce ricezione della cinematografia bergmaniana sia l'Italia, dove i temi esistenziali e religiosi toccati dal regista trovano condivisione nei temi sollevati da una nascente filosofia dell'esistenza, erede e in qualche modo antagonista dell'idealismo dominante (Pareyson). La cifra esistenziale della poetica bergmaniana in Italia viene subito colta, ma riportata al religioso, specialmente dalla critica di matrice cattolica, non prendendo atto invece che la ricerca del drammaturgo svedese si presenta come un allontanamento da quel protestantesimo paterno in direzione di un interesse antropologico esistenziale che vede nell'uomo, con le sue grandezze e le sue miserie, il centro della poetica e della riflessione bergmaniana. I concetti del protestantesimo nordico come peccato, colpa, grazia, perdono, punizione, confessione, che per motivi biografici hanno segnato la vita del regista si scontrano con le nevrosi e le ossessioni di un artista che decide di fare i conti con i propri demoni e un mondo in rapida trasformazione socio-storica. In questo modo, Bergman si trova ad andare oltre la religiosità alla ricerca di una dimensione umana che sappia rendere ragione della dignità e del valore dell'esistenza davanti alla secolarizzazione e al disincanto contemporaneo. L'artista avrà modo di scrivere nella sua biografia: "a quel tempo vivevo con alcuni poveri resti della mia devozione infantile, un'idea del tutto ingenua di ciò che si potrebbe chiamare salvazione ultraterrena", per poi maturare l'idea che "l'uomo è portatore della propria Sanità, che però ha luogo su questa Terra, senza alcun bisogno di spiegazioni extraterrene". In questo modo Bergman sfida una religiosità improntata all'etica della colpa, dell'intenzione e si ritrova a disegnare uno spazio metafisico in cui articolare le proprie storie, utilizzando un procedimento tecnico e narrativo che nei suoi film descrive

ethic of guilt and of ultimate ends and instead finds himself designing a metaphysical space where his stories can unfold, using a technical and narrative process in his films that describe a specific time and space where humanity is exposed, while addressing that which is most human in it. Through this procedure, Bergman's films come to resemble Dostoevsky's novels. Religious themes are intertwined with portraits of human figures, and redemptive power (beauty, grace, generosity...) is entrusted to the female characters, in contrast with the mediocrity and pettiness of male figures (cynicism, disillusionment, greed...), all within a framework of suspended and dilated time and space: specific moments and places that become the setting for exemplary stories of humanity (such as in The Magician, Persona, Silence, The Seventh Seal...). Bergman's exploration of existential philosophy is conducted by transforming existential concepts (personhood, silence, death...) into images in motion, interweaving images and words on a quest for an excess of sense through which to investigate the mysteries and secrets of humanity. But this is also the playing field of the poetry of Jill Mathis and the starting point of our journey.

FINDING MATHIS

Seeking Bergman and finding Mathis is the result of a journey that sets out to find the meanings that dwell on the borderline between words and images, at the crossroads of two poetic idioms, both concerned with expressing the existential value of overly-human concepts, even if they seem to be religious and transcendent. The place where Jill Mathis and Ingmar Bergman come together is in fact where words meet images, jointly seeking meaning: the significance of concepts that can and must be expressed in images if they are to be grasped and understood in any way. Bergman is a Swedish director who expresses existential concepts through the medium of moving images; Mathis is an American photographer who expresses the existential etymological history of anthropological concepts through the medium of still images. That they should find common ground is only natural since they both take "the long way around" to get from images to concepts, whether by passing through the photographs (of Jill Mathis) to get to the films (of Ingmar Bergman) or through the films to get to the photographs. It is a "long way around" that leads back to the starting point of an excess of sense stored at the crossroads of the powerful significance of the images and that of the words. The home of this search for meaning is thus Bergman's imagination and therefore the artistic work can only be carried out in that distinct "Bergmanian landscape" that has come to be associated with it.

Jill Mathis is a photographer who has been working over the last few years on a project entitled Parallel Text: a photographic series based on describing the etymology of certain existentially charged words or linguistic expressions through the use of images. This made her the ideal candidate to explore Bergman's psychic landscape and to make artistic sense of it. Parallel Text is made up of "photographic paintings" illustrating the "excess of sense" hidden behind those linguistic expressions that delineate the borders which encompass the space and culture of human life, the space where man thrives and ponders. This New York schooled photographer has created a gallery of "paintings/images" that represent an "imaginarium," in this case the existential imaginarium of the Swedish director. Analogous to terms like "aquarium," "herbarium," "terrarium," the first definition of "imaginarium" would be a collection of images, the gathering together of images linked to a certain time, a particular culture, a specific subject, a definite project or social environment. Expanding the analogy, the imaginarium comes to include not only visual, but also narrative, audiovisual, spatial and musical material. From this perspective, the distinction is blurred between "imaginarium" and what Umberto Eco called "Encyclopedia", meaning a collection of the basic semantics of a group, a society, a period or a person. The imaginarium is therefore a psycho-semantic structure that collects and catalogues images coming from a particular time and space and the humans who inhabit it, and the effective or potential cultural products that may give rise to or come out of such an imaginarium. This because the

spazi e tempi circoscritti in cui l'umanità si mette a nudo e affronta ciò che di più umano vi è in essa. Questo procedimento rende i film bergmaniani simili ai romanzi dostoevskiani e i temi religiosi si uniscono ai ritratti di figure umane, in cui la potenza salvifica (la bellezza, la grazia, la generosità...) viene affidata ai ruoli femminili in contrasto con le mediocrità e le pochezze di figure maschili (il cinismo, la disillusione, la grettezza...), tutto ciò in una cornice di sospensione e dilatazione temporale e spaziale di tempi e luoghi circoscritti che diventano il palcoscenico per la messa in scena di storie di umanità esemplare (come ne *Il Volto, Persona, Silenzio, Il settimo sigillo...*). Questa ricerca filosofico esistenziale viene condotta da Bergman trasformando concetti esistenziali (persona, silenzio, morte...) in immagini in movimento, incrociando immagini e parole alla ricerca di un eccesso di senso in cui indagare i misteri e i segreti dell'umanità. Questo è però anche il terreno di gioco della poetica di Jill Mathis e da qui siamo partiti per il nostro viaggio.

TROVANDO MATHIS

Cercando Bergman si trova Mathis e questo è il risultato di un viaggio che va alla ricerca del senso depositato al margine del rapporto tra immagine e parola, all'incrocio di due poetiche interessate al valore esistenziale di concetti umani troppo umani, anche se apparentemente religiosi e trascendenti. L'incontro tra Jill Mathis e Ingmar Bergman si svolge infatti nel perimetro delineato tra immagine e parola alla ricerca del senso e del significato di concetti che possono e devono essere resi in immagini per essere in qualche modo afferrati e intuiti: Bergman è un regista svedese che rende in immagini in movimento concetti esistenziali; Mathis è una fotografa americana che rende in immagini la storia etimologico esistenziale di concetti antropologici. L'incontro è naturale e, visto da ambo le parti, è una specie di "giro lungo" che passa dalle immagini per arrivare ai concetti, che passa dalle fotografie (di Jill Mathis) per arrivare ai film (di Ingmar Bergman) o dai film per arrivare alle fotografie. È un "giro lungo" che riporta al punto di partenza l'eccesso di senso depositato all'incrocio tra il potere significante dell'immagine e della parola. La sede privilegiata di questa ricerca sul senso diventa quindi l'immaginario bergmaniano e l'operazione artistica non può che essere realizzata in quel "paesaggio bergmaniano", ad esso correlato.

Jill Mathis è una fotografa che negli ultimi anni sta lavorando a un progetto artistico dal titolo *Parallel Text:* un lavoro fotografico sulle etimologie, finalizzato alla resa in immagine di parole o espressioni linguistiche dalle forti tonalità esistenziali. Per questo motivo era la candidata migliore ad esplorare l'immaginario del regista svedese e tentare di renderne ragione artisticamente. I *Parallel Text* sono, infatti, dei "quadri fotografici" capaci di rappresentare l'eccesso di senso che si nasconde in quelle espressioni linguistiche, che delineano il margine dell'umano, di una cultura e dello spazio che l'uomo abita, vive e pensa. Questo perché la fotografa texana è in grado di costruire una galleria di "quadri/immagini" che rappresentano un "immaginario", in questo caso l'immaginario esistenziale creato dall'artista svedese. In analogia con termini come "acquario", "erbario", "terrario"... si può ritenere, infatti, che il primo significato di "immaginario" sia di essere una collezione d'immagini, la raccolta delle immagini di un certo tempo, di una certa cultura, di un certo argomento o di una certa produzione o ambiente sociale. Per espansione analogica si includono nell'ambito dell'immaginario non solo i materiali visivi, ma anche quelli narrativi, audiovisivi, spaziali e musicali. Da questo punto di vista, l'immaginario si confonde pertanto con quella che Umberto Eco chiama "Enciclopedia", cioè una raccolta generale della semantica di un gruppo, di una società, di un periodo e di una persona. L'immaginario è quindi una struttura psico-semantica attraverso la quale vengono catalogate e collezionate le immagini del tempo e dell'umano, che vigono in una certa epoca e in un certo spazio, e i prodotti culturali, effettivi e potenziali, cui l'immaginario può dare forma o da cui esso deriva. Questo perché la collezione delle produzioni semantiche di una società o di un gruppo

collection of semantic productions of a group or society overlaps and intertwines with the productivity of that which we call "imagination" or "fantasy," whether collective or individual. From this perspective, cultural production would not be (completely) free or creative, but would have precise limits imposed by certain cultural or societal constants, both in terms of expression and content. The imaginarium (both in the sense of a collection of images of the world and humanity and in terms of a semantic collection) thus supplies a sort of grill that imposes limits on language, so that it acts, speaks and thinks up the world. This is possible because an imaginarium contains not only the imagined but also the imaginable; not only the said, but also the sayable; not only the thought, but also the thinkable...

From this perspective, a work of art dealing with the imaginarium sets itself, consciously or sub-consciously, an ambitious objective: to define those "limits of my language" which are then the "limits of my world" (Wittgenstein), conscious of the idea that "being that can be understood is language" (Gadamer). The imaginarium is, in this light, always anthropological in nature and imposes certain limits. The grammar by which man acts, thinks and speaks his world is the existential human condition, making humans feel like "people" in relationship to a particular society and culture. Mathis's "search for the lost etymon" and her visual expression of it is an investigation into the limits of language (from an ontological point of view), on a quest for the elements which determine the grammar and social semantics of a culture (from an anthropolo-gical point of view) and identify the excess of sense hiding in the margins of language and imagination (from a psycho-semantic point of view). An excess of sense, symbolically, that allows new values and cultural con-tent to be created so that man can regenerate himself and his society. It is no coincidence that Jill Mathis (an artist whose work spans the turn of two centuries and two millennia) feels driven to an artistic search for the meaning of words and of the images that accompany them, at a time of severe psycho-historical crisis like the one we are presently experiencing: a crisis that can be defined, in the words of de Martino, as a generalized "cultural apocalypse." What the Italian scholar meant by "cultural apocalypse" is this general situation of crisis, which leads to a general sense of insecurity, both on an individual and a collective level, produced by the feeling of approaching "the end of a social and cultural historical context," in which huma-nity and individuals have been defined in relation to a known world because it semiotically and symbolically manipulated them. From this point of view, the existential etymological research of Mathis is similar to Berg-man's existential cinematic research. Both try to make sense of a crisis of sense and meaning that is an in-tegral part of the transformation taking place in their respective social universes (Bergman's Nordic-religious world and Mathis's post-industrial one) and the existential sense of loss that accompanies these transforma-tions. This anthropological crisis is characterized by the loss of the existential meaning and value of our emi-nently human traits and requires an investigation into the deeper meaning of things; an investigation carried out by the two artists by means of images and the productive power of imagination. The "anthropological apocalypse" is characterized, in this perspective, as de Martino says, by a " permanent anthropological risk " in which "the ending is simply the risk of not being able to be in any possible cultural world, the loss of the opportunity to be operationally present in the world, the shrinking of any worldly horizon of operability until it disappears entirely, the catastrophe of trying to plan any community according to values." 'Cultural crises' are situations where you feel as if "there are no words" to describe the world and make it accessible and usable for either the individual or the cultural communities to which the individual belongs. But there are also "apocalypses" (from ancient Greek, apokalypsis from Apoka-lyptein, reveal) capable of revealing the reservoir of sense and meaning that the history of cultures has hidden in words. We understand, from this point of view, the value of the artistic research of Mathis and Bergman that defy the general sense of inse-curity produced by the "lack of words", which is accompanied by "the anthropological risk of a crisis," explo-ring and revealing the historical and anthropological meaning of anthropologically and existentially valuable words/concepts and expressing it through the use of static images (Mathis) or moving ones (Bergman).

si sovrappone e intreccia con la produttività di quel che si usa chiamare "immaginazione" o "fantasia", collettiva e/o individuale. In questa prospettiva, la produzione culturale non sarebbe (completamente) libera o creativa, ma avrebbe limiti precisi stabiliti da certe costanti della cultura o della società, tanto sul piano dell'espressione che su quello del contenuto. L'immaginario (come collezione di immagini del mondo e dell'umano e come collezione semantica) fornisce in questo modo una specie di griglia che pone limiti al linguaggio, al fine di agire, dire e pensare il mondo; tutto ciò è possibile in quanto: l'immaginario contiene non solo l'*immaginato*, ma l'*immaginabile*; non solo il *detto*, ma il *dicibile*; non solo il *pensato*, ma il *pensabile*...

In questa prospettiva, un lavoro artistico sull'immaginario si pone, consapevolmente o inconsapevolmente, l'ambizioso obiettivo di definire: quei "limiti del mio linguaggio" che sarebbero "i limiti del mio mondo" (Wittgenstein), coscienti del fatto che "l'essere, che può venir compreso, è il linguaggio" (Gadamer). L'immaginario è, in questa prospettiva, sempre antropologico e pone i limiti e la grammatica con cui gli uomini agiscono, pensano e dicono il mondo e la condizione esistenziale dell'uomo, facendo sentire gli umani "persone" in relazione ad una società ed a una cultura. La "ricerca dell'etimo perduto" di Mathis e la sua resa visuale è un'operazione che permette di indagare i limiti del linguaggio (dal punto di vista ontologico), alla ricerca di quegli elementi che determinano la grammatica e la semantica sociale di una cultura (dal punto di vista antropologico) e individuare l'eccesso di senso che si nasconde nelle pieghe e ai margini dell'immaginario e del linguaggio (dal punto di vista psico-semantico). Un eccesso di senso, sempre simbolico, che permette la creazione di nuovi valori e contenuti culturali, che rendono possibile all'uomo di rigenerare se stesso e le società in cui è situato. Non è un caso che Jill Mathis (un'artista che opera a cavallo di due secoli e due millenni) si senta spinta a una ricerca artistica sul senso delle parole e delle immagini, che ad esse si accompagnano, in un momento di forte crisi psico-storica come la nostra: una crisi che può essere definita, usando le parole di de Martino, di generalizzate "apocalissi culturali". Lo studioso italiano intendeva per "apocalissi culturali" quelle situazioni, in cui si assiste ad una generalizzata crisi, in cui si diffonde una generale insicurezza, individuale e collettiva, prodotta dalla sensazione dell'avvicinarsi della "fine di un contesto storico sociale e culturale", nel quale ci si può definire umani e persone in relazione a un mondo conosciuto perché manipolato semioticamente e simbolicamente. Da questo punto di vista, la ricerca etimologico esistenziale di Mathis è simile alla ricerca cinematografico esistenziale di Bergman, ambedue cercano di rendere ragione di una crisi del senso e del significato che si inserisce nella trasformazione di un universo sociale di riferimento (il mondo nordico-religioso di Bergman e quello post-industriale di Mathis) e del senso di smarrimento esistenziale che a queste trasformazioni si accompagna. Questa situazione di crisi antropologica è caratterizzata dallo smarrimento del significato e del valore esistenziale dei tratti eminentemente umani e necessita di un'indagine sul senso profondo delle cose. Un'indagine condotta dai due artisti attraverso l'immagine e il suo potere produttivo di immaginario. Le "apocalissi antropologiche" sono caratterizzate, in questa prospettiva come dice de Martino, da un "rischio antropologico permanente", in cui "il finire è semplicemente il rischio di non poterci essere in nessun mondo culturale possibile, il perdere la possibilità di farsi presente operativamente al mondo, il restringersi – sino all'annientarsi – di qualsiasi orizzonte di operabilità mondana, la catastrofe di qualsiasi progettazione comunitaria secondo valori". Le "crisi culturali" sono quindi situazioni in cui ci si sente come se "mancassero le parole" utili a raccontare il mondo e renderlo accessibile e utilizzabile per l'individuo e le comunità culturali, cui l'individuo appartiene, ma sono anche "apocalissi" (dal greco antico, *Apokàlypsis*, da *Apoka-lyptein*, rivelare) capaci di rivelare il serbatoio di senso e significato che la storia delle culture nasconde nelle parole. Si capisce, da questo punto di vista, il valore della ricerca artistica di Mathis e di Bergman che sfidano il generale senso di insicurezza prodotto dalla "mancanza di parole", che si accompagna "al rischio antropologico della crisi", ricercando e rivelando il significato storico-antropologico di parole/concetti

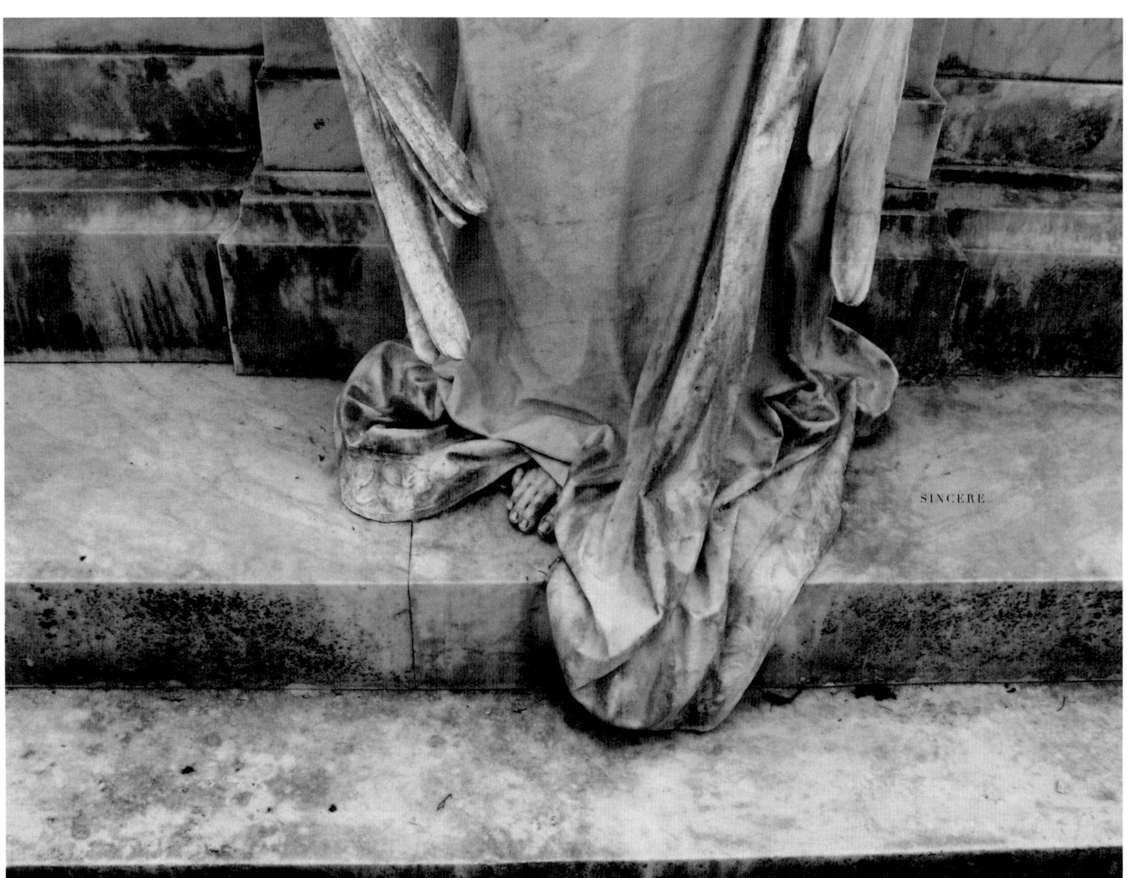

Such an operation has been carried out by Jill Mathis through the construction of "an encyclope-dia of the imaginary," a sort of "illustrated etymological dictionary for adults", which follows in the wake of Bergman's research.

PARALLEL, DIVERGENT AND CONVERGENT TEXTS

The works making up Mathis's Parallel Text are (convergent and divergent) texts that inhabit the same figure/photo/picture, in which etymology and imagery mingle, producing a complex and multi-layered text that manages to convey the meaning of some of the linguistic expressions that make up human imagination and activity.

Mathis proceeds, initially, to analyze and reconstruct the semantic and etymological value of commonly used words and expressions (e.g. Vanity, Serenity...) that are then expressed with images (visual text) through a process of photographic representation and finally associated with the "parallel text" (linguistic and semantic). In this way, the visual and lexical components blend together turning Mathis's photos into a complex, semiotic machine that isolates and represents fragments of imagery, by creating, in the artist's own words, "a work of art that contains references to historical events, real people and places; a work based on extensive research that allows the use of references to give the appropriate historical context to the fictional aspect of art."

Parallel Text, therefore, makes up a "photographic imaginarium" capable of presenting a selection of "pictures/images" of humanity, which are presented as a meta-textual practice, capable of producing a text that reflects on the production of texts and their interaction, which investigates the twin manifestations of human imagination (that of "image collection" and that of "semantic collection") and the crisis of representation in a moment of "cultural apocalypse" (as exemplified in photos Exile, Desire, All One, which express a sense of alienation as well as the meaning of – apparently - comprehensible concepts).

dall'alto valore esistenziale ed antropologico e rendendolo in immagini statiche (Mathis) o in movimento (Bergman). Un'operazione portata avanti da Jill Mathis attraverso la costruzione di "un'enciclopedia dell'immaginario", simile ad un "dizionario etimologico illustrato per adulti", che si pone sulla scia della ricerca bergmaniana.

TESTI PARALLELI, DIVERGENTI, CONVERGENTI.

I *Parallel Text* sono pertanto *testi paralleli (convergenti e divergenti)* che convivono in una stessa figura/foto/quadro, in cui l'etimologia e l'immagine interagiscono, al fine di produrre un testo complesso e stratificato capace di rendere il significato di espressioni linguistiche, che danno forma all'immaginario umano e all'attività dell'uomo nel mondo.

Mathis procede, inizialmente, all'analisi ed alla ricostruzione del valore semantico ed etimologico di parole ed espressioni linguistiche di uso comune (ex. *Vanity, Serenity…*) che vengono rese in immagini (testo visuale) attraverso un procedimento di rappresentazione fotografica e infine associate al "testo parallelo" (linguistico-semantico). In questo modo, la componente visuale e quella scritturale si integrano rendendo le foto di Mathis una macchina semiotica complessa che isola e rappresenta frammenti di immaginario, attraverso la messa in forma, secondo le parole dell'artista, di un lavoro artistico che contiene riferimenti ad eventi storici, gente e località reali, un lavoro basato su un'estesa ricerca che permette di utilizzare i riferimenti per dare un appropriato contesto storico all'aspetto fittizio dell'arte". I *Parallel Text* danno quindi forma ad un "immaginario fotografico" capace di presentare una selezioni di "quadri/immagini" dell'umanità, che si presentano come una pratica meta-testuale, capace di produrre un testo che ragiona sulla produzione di testi e sulla loro interazione, che indaga la doppia articolazione dell'immaginario umano (quella di "collezione di immagini" e quella di "collezione di semantiche") e la crisi della rappresentazione in un momento di "apocalissi culturali" (è questo il caso esemplare di foto come *Exile, Desire, All One,* che mettono in scena il senso di straniamento e il significato di concetti apparentemente comprensibili).

Jill Mathis è un'artista concettuale che non rinuncia però alla ricerca del bello e in questo modo sfugge al vuoto formalismo di un certo tipo di concettualismo e riesce a produrre testi complessi e sempre plurali, capaci di rendere conto della pluralità insita in ogni testo, rendendo ragione dell'intreccio di elementi testuali che formano il nostro immaginario: il "testo" infatti è sempre un elemento composito, un tessuto (dal latino *textum*, tessuto, dal verbo *texere*, tessere) formato dall' "intreccio" di elementi differenti. I *Parallel Text* riescono quindi a rendere ragione della "doppia articolazione" tra "collezione di immagini" e "collezione di semantiche", proprio perché sono un'operazione meta-testuale, che aggredisce il linguaggio dal punto di vista etimologico e da quello visuale, intrecciando questi due elementi e mostrando quanto essi siano in realtà convergenti. I *Parallel Text* si presentano quindi come testi convergenti e paralleli che giocano su una doppia leggibilità della "foto/quadro" (quella visuale e quella scritturale) e in questo modo rimandano ad un inesauribile serbatoio di senso racchiuso nella storia etimologica delle parole. Questo continuo rimandare ad un "esterno storico" (etimologia) dall' "interno morfologico" (la doppia articolazione di visuale e scritturale) produce però una "divergenza" tra i significati delle opere e i possibili significati antropologici cui le opere fanno riferimento: ne è un esempio la fotografia *Courage (*con il suo riferimento al "cuore" come elemento familiare all'etimologia della parola) o le fotografie *Marionettes e Torture* (con il riferimento a "Maria" e alla "croce", alla devozione religiosa che affonda le radici nel supplizio o viceversa allo spettacolo popolare che affonda le radici nella devozione religiosa). In questo modo i testi paralleli, convergenti e divergenti diventano fonte di inesauribili interpretazioni, che utilizzano il "referente fotografico" come ancoraggio materiale su cui innestare i mille significati/interpretazioni del testo in relazione al contesto e alla storia etimologica.

Jill Mathis is a conceptual artist who does not renounce the pursuit of beauty. She escapes the empty formalism of a certain type of conceptualism but still manages to produce complex and pluralistic texts, which take the inherent plurality of any text into account, making sense of the interwoven textual elements that make up our imagination: "text" is always a composite element, like a tapestry (from the Latin textum, fabric, from the verb texere, to weave) formed by the "interweaving" of different elements. Parallel Text can thus account for the "double articulation" between "a collection of images" and "a collection of semantics," precisely because the works consist in meta-textual operations, attacking the language from an etymological as well as a visual point of view, interweaving the two elements to reveal how they are, in fact, convergent. The works in Parallel Text, therefore, are presented as convergent and parallel texts that play on a double readability (visual and verbal) of the "photo/picture" and thus refer to an inexhaustible reservoir of meaning contained in the etymology of the words. This continual reference to an "external history" (etymology) from "internal morphology" (the double articulation of visual and verbal), however, produces a "divergence" between the meanings of the works and the possible anthropological meanings to which works refer. An example is the photograph Courage (with reference to its etymological link to the Latin word for "heart") or the photos called Marionettes and Torture (with references to "Mary" and "cross" and religious devotion and root words linked to execution or popular performances). In this way the parallel texts, convergent and divergent, become a source of inexhaustible interpretations, using the "reference photo" as an anchor on which to graft thousands of meanings/interpretations of the text in relation to context and etymology.

THROUGH A GLASS

The encounter and dialogue between Jill Mathis and Ingmar Bergman therefore develops in a metaphysical space circumscribed by the crossroads between image and word. Inside this perimeter, existential concepts challenge the "cultural apocalypse" and the sense of lostness that accompanies it, trying to account for the anthropological value of the elements necessary to illustrate the dignity and worth of human life. This dialogue is made possible by having accepted the "illustrated dictionary of existential themes" that Bergman presented through his extensive film and drama production. Bergman uses moving images to show us the way to themes worthy of contemplation. Jill Mathis follows that road and through her use of still, parallel and divergent images, goes even deeper with her "illustrated etymological dictionary for adults." In this way Bergman's figures are explored the way and in the places that the Swedish director indicated, showing the plurality of possible interpretations of dense concepts, precisely because they are exemplary of human existence.

Since a single book cannot represent humanity definitively and clearly, the director and photographer focused their attention on observing and representing the excess of sense to be found deposited at the edge of humanity. In this way, works such as Torment, Jaded, Female, Desire, Existence, restore an interrupted dialogue and attempt to trace the origins and development of human existence, laid bare in that unique and privileged setting that is the surreal landscape of the island of Fårö. Mathis's aesthetic etymological exploration and her parallel texts attempt to unravel the confusion generated by the fact that human existence is always seen, as St. Paul put it, "through a glass, darkly", confusedly, and that perhaps only one day will we be able to see it clearly "face to face". This attempt succeeds only partially, probably because life is destined to be seen only through that "mirror" that gives us back its functionality. Art, and cinema in particular, like life is based on the production of artifice, pretense, and the director's job is like that of a clown, a circus performer who tells stories while that of a photographer is to produce representations, fiction, images that in the case of Mathis, tell stories. This activity of "lying" that permeates human life is connected to a search for truth which, as Bergman reminds us ("Sometimes I have to console myself with the fact that

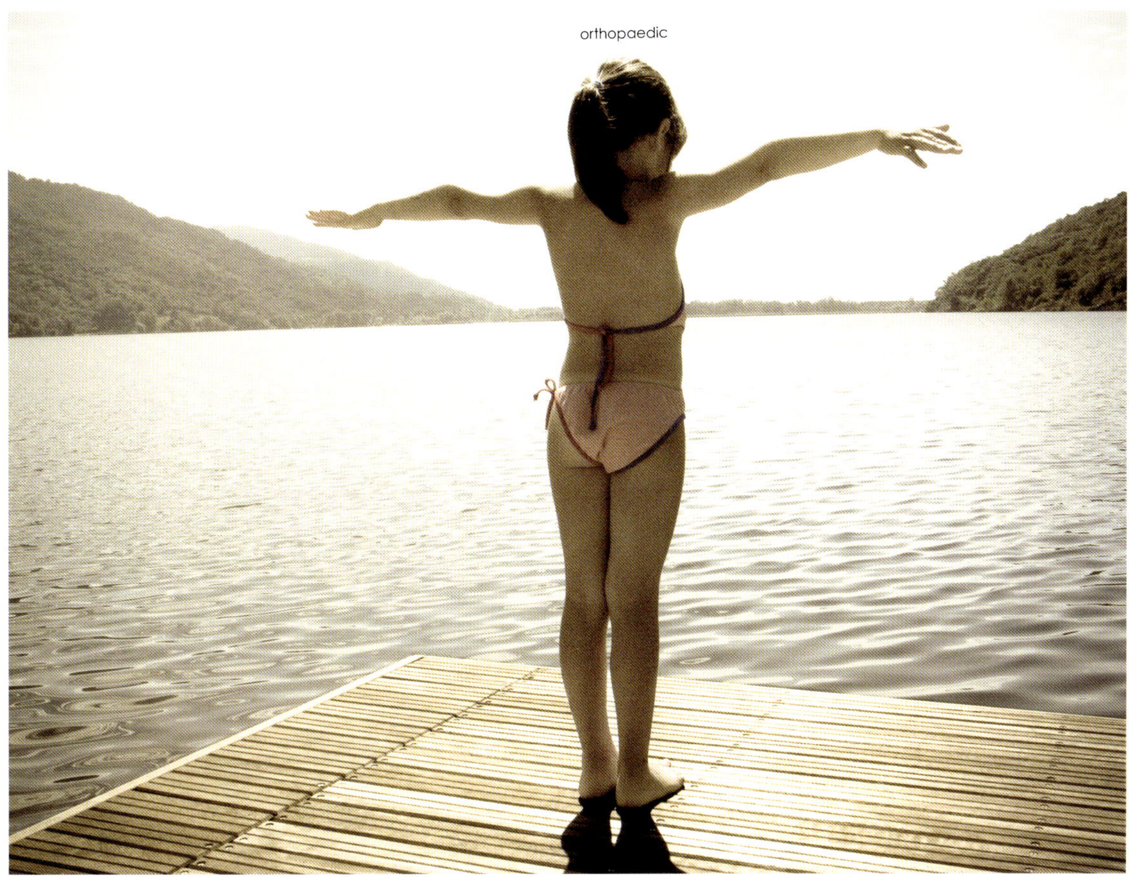

COME IN UNO SPECCHIO

L'incontro e il dialogo tra Jill Mathis e Ingmar Bergman si sviluppa pertanto in uno spazio metafisico circoscritto dall'incrocio tra immagine e parola: in questo perimetro concetti esistenziali sfidano le "apocalissi culturali" e il senso di smarrimento che ad esse si accompagna, cercando di rendere ragione del valore antropologico di elementi necessari illustrare la dignità e il valore dell'umano. Il dialogo è reso possibile dall'avere accettato il "dizionario illustrato di temi esistenziali" che Bergman ha messo in scena nella sua imponente produzione drammaturgica e cinematografica. Le immagini in movimento di Bergman indicano la strada e i temi su cui vale la pena riflettere, Jill Mathis segue quella strada e con immagini statiche, parallele e divergenti scende in profondità con il suo "dizionario etimologico illustrato per adulti". In questo modo le figure bergmaniane vengono indagate negli spazi e nelle modalità che il regista svedese ha indicato, mostrando la pluralità di interpretazioni possibili di concetti densi, proprio perché esemplari dell'esistenza umana.

"Attraverso un obbiettivo oscuro", in quanto mai capace di rendere in modo definitivo e nitido l'umanità, il regista e la fotografa osservano e rappresentano l'eccesso di senso depositato al margine dell'umano, in questo modo opere come *Torment, Jaded, Female, Desire, Existence,* riannodano un dialogo spezzato e cercano di tracciare origine e sviluppo di un'esistenza umana, che nel paesaggio surreale dell'Isola di Fårö trova il proprio palcoscenico privilegiato per essere messa a nudo. L'indagine estetico etimologica di Mathis e i suoi *parallel text* cercano di dipanare la confusione generata dal fatto che l'esistenza umana è sempre vista, come nella massima paolina, "come in uno specchio oscuro, in maniera confusa" e che forse solo un giorno essa potrà essere vista "faccia a faccia", in maniera nitida. Questo tentativo riesce solo parzialmente, probabilmente perché la vita è destinata ad essere vista attraverso quello

he who has lived a lie loves the truth."), consists in identifying the elements of existence that make us truly human (bearers of artificially constructed individual identities). These lies are the results of masks that provide us with a second nature, which, actually, is the essential nature of dynamic, and historically artificially determined humanity.

The secret that Bergman and Mathis cry and whisper in their work has to do with this symbolic history of existence and its transformation while remaining identical in its essential features. This is because human life is a living and changing force, a product of historical linguistics, and therefore changes as life changes. This is why we very rarely feel that we can pass from that "dark mirror" to be able to see "face to face" and that perhaps the secret is to continue trying to figure out the meaning and dignity of existence, as deposited on the edge of existential phenomena that deserve and require constant interpretation.
The deeper meaning of existence, which existential philosophers, especially Heidegger, taught us, means to transcend the plane of things towards something else that always remains indeterminate ("exist" comes from Latin ex-sistere, to stand out).

The trialogue between Bergman, Mathis and Mastroianni remains an unfinished dialogue, the precious fruit of which is this book, open to anyone who has a "taste for secrets." We are left feeling outside of the philosopher's gaze, which leads the third party to be always outside of and always inside of the dialogue, in which the two artists whisper secrets, indeed face to face, as the keepers of mysteries of humanity and the fictionality of human existence that only art can capture and represent.

"specchio" che ci restituisce la sua funzionalità. L'arte, il cinema in particolare, come la vita si basa sulla produzione di artifici, finzioni, e il mestiere del regista è come quello di un clown, un saltimbanco che racconta storie, mentre quello di una fotografa consiste nel produrre rappresentazioni, finzioni, immagini, che nel caso di Mathis raccontano storie. Questa attività di "menzogna", che permea la vita umana, ha però a che fare con una ricerca della verità che, come ci ricorda Bergman ("A volte devo consolarmi dicendomi che chi è vissuto nella finzione ama la verità"), consiste nell'individuare gli elementi dell'esistenza che ci rendono realmente umani ovvero persone (portatori di identità individuali costruite), proprio in quanto frutto di maschere che istituiscono una seconda natura che alla fine è la natura essenziale di un'umanità dinamica e storicamente, artificialmente determinata. Il segreto che Bergman e Mathis sussurrano e gridano nelle loro opere ha a che fare con questa storicità simbolica dell'esistenza e il suo mutare rimanendo identica nei suoi tratti essenziali. Questo perché l'esistenza umana è una forza viva e in mutamento, un prodotto storico-linguistico, e pertanto cambia con la vita. Per questo motivo si ha la sensazione che solo raramente si possa passare da quello "specchio scuro" al "faccia a faccia" e che forse il segreto sia continuare ad interrogarsi sul senso e la dignità dell'esistenza depositato ai margini dei fenomeni esistenziali che meritano e necessitano continue interpretazioni. Il senso profondo dell'esistenza che ci ha insegnato l'esistenzialismo filosofico, specialmente Heidegger, è quello di trascendere il piano delle cose verso un qualcosa d'altro che sempre rimane indeterminato (esistere dal latino *ex-sistere*, stare fuori).

Il dialogo a tre tra Bergman, Mathis e Mastroianni rimane un dialogo incompleto di cui questo libro è un frutto prezioso a disposizione di chiunque abbia il "gusto del segreto". Alla fine rimane una sensazione di estraneità dello sguardo filosofico, che porta il terzo soggetto ad essere sempre fuori e sempre dentro dal dialogo, in cui i due artisti si sussurrano dei segreti, rimanendo loro si faccia a faccia, in quanto detentori di misteri sull'umanità e alla finzionalità dell'esistenza umana, che solo l'arte può cogliere e portare a rappresentazione.

Roberto Mastroianni

ALONE

ANIMUS

CHAOS

COURAGE

COWARD

CRIES & WHISPERS

CRUCIFIX

DELIRIUM

DESIRE

EXILE

EXISTENCE

FEMALE

FUGUE

HUMILIATE

JADED

MARIONETTES

PERSONA

POISON

PRAY

REGRET

RELIGION

SERENITY

SHAME

SURVIVE

TORMENT

VANITY

Solitude is an ambiguous condition, a "desolation" which some regard with terror and vexation, while others welcome as a favorable condition, allowing human beings a better understanding of themselves and their environment. This perspective, aptly expressed by the Latin proverb "blessed solitude, solitary bliss," is similar to Bergman's, who once said, "I am very Swedish: I don't mind being alone." The Latin and Neo-Latin term "*solus*" is an extension of the root word "*sé*," meaning "self," while the English word, "alone" comes from the fusion of the words "all one. These are based on the concept of the monad, of being sufficient unto oneself, of preferring silence to superficial relationships. In Bergman cannot this trait is in many of his characters: the lonely star looking within and finding its reflection far away, on the horizon of a bleak and empty world.

La solitudine è una condizione ambigua, una "desolazione" da alcuni vista con terrore e fastidio, da altri come una condizione favorevole, in cui gli esseri umani possono capire meglio se stessi e l'ambiente. Insomma esiste l'isolamento, temibile e perfino disprezzabile, ma anche lo stato solitario dell'esploratore e dell'eremita, del capo e del pensatore, o di chi semplicemente sta bene con sé e si "sollazza". Questo punto di vista, richiamato nel proverbio latino "beata solitudo, sola beatitudo", è simile a quello privilegiato da Bergman, che una volta disse di sé "sono molto svedese - non mi dispiace essere solo". La parola latina e neolatina *solus* è un ampliamento della radice di "sé", mentre l'inglese *alone* viene dalla fusione dei termini *all one*, tutt'uno. Al fondo c'è l'idea della monade, del bastare a se stessi, del silenzio di chi non cerca relazioni superficiali con gli altri. Chi si lascia affascinare da Bergman non può non apprezzare questo tratto di tanti suoi personaggi: lo star da soli guardandosi dentro e trovando magari il proprio riflesso lontano, all'orizzonte di un mondo vuoto.

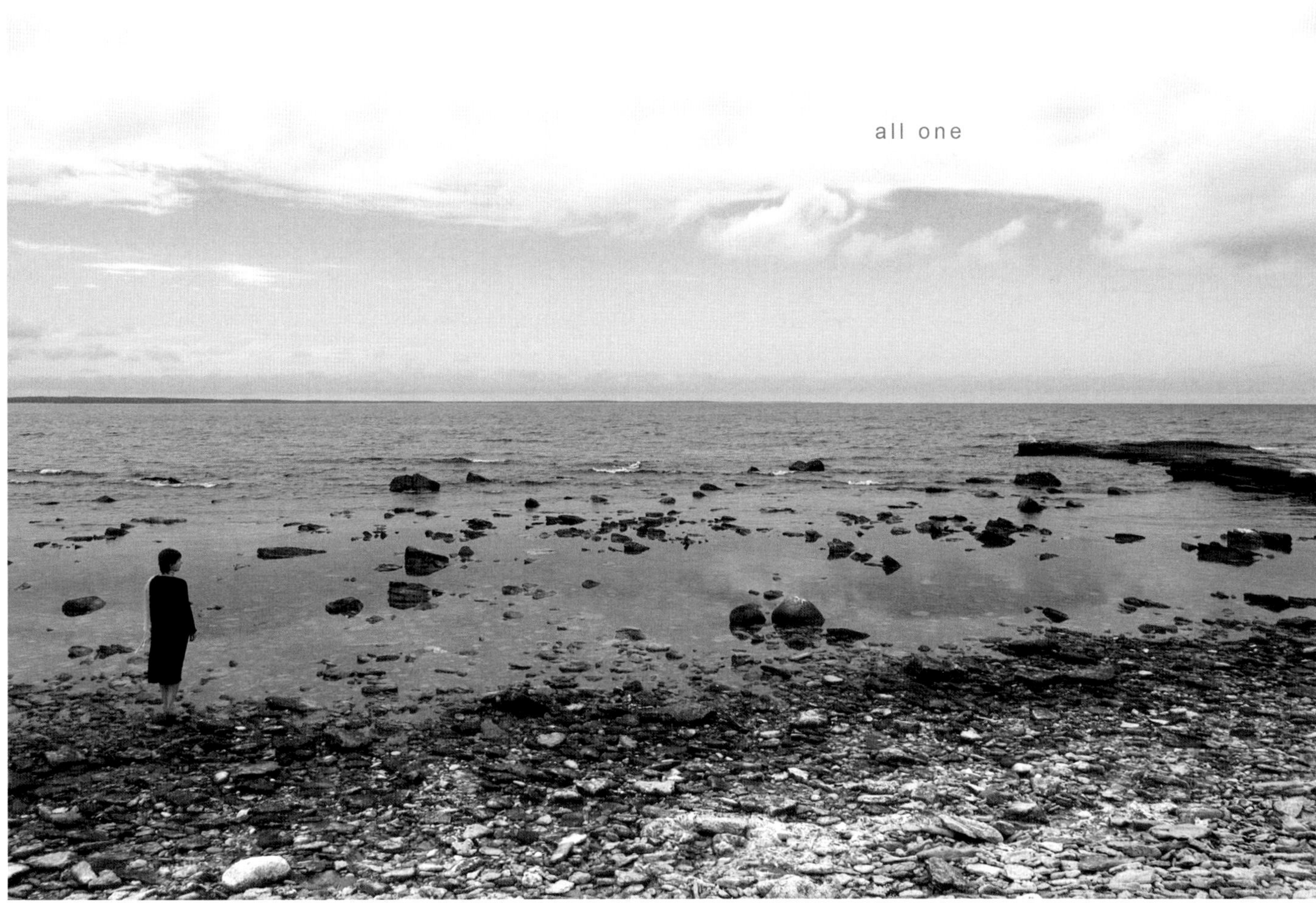
all one

Animus is the Latin form of the Greek word *anemos*, meaning breath, wind. It is semantically related to, although distinct in meaning from, *spiritus* (from the Latin *spirare*, to breathe), *psyché* (originally *breath*), *pneuma* and also from the Hebrew word *ruach* (*soul, wind*). This meteorological term, like many other words, gets more complicated in its Latin incarnation by having two versions: *animus* in the masculine form and *anima* in the feminine. The difference between the two forms is a question of nuance. The first is defined in the dictionary as "soul, mind, consciousness, life, heart, thought, feeling," lending it a connotation of courage, while the second means "air, life, spirit, breath of life, personhood." Carl Gustav Jung, who introduced this double-gendered meaning into modern culture, uses animus, for example, to distinguish the masculine side of a woman's psyche and anima the feminine.

L'animo è soffio, vento, è una forma latina che viene dal greco *anemos*, ed è imparentata nel riferimento semantico, ma distinta nel senso da *spiritus* (latino *spirare*, "respirare"), *psyché* (originariamente "soffio"), *pneuma* e anche dall'ebraico *ruach* ("anima", "vento"). Questa parola atmosferica, con tanti vocaboli paralleli si complica arrivando in latino e anche in italiano in due forme diverse, *animus* maschile e *anima* femminile. La distinzione fra le due forme è questione di sfumature, il primo è tradotto nei dizionari con "anima, mente, coscienza, vita, cuore, pensiero, sentimento" fino a una connotazione di "coraggio", la seconda con "aria, vita, anima, soffio vitale, persona". Chi ha utilizzato il doppio genere del termine nella cultura moderna, è Carl Gustav Jung, usando la distinzione per indicare il lato maschile e quello femminile dello psichismo umano. Vi è conflitto, ambiguità, ma certamente anche complementarietà fra *animus* e *anima* così intesi. La scoperta di sé passa anche per l'esplorazione di questa differenza e la conciliazione del conflitto.

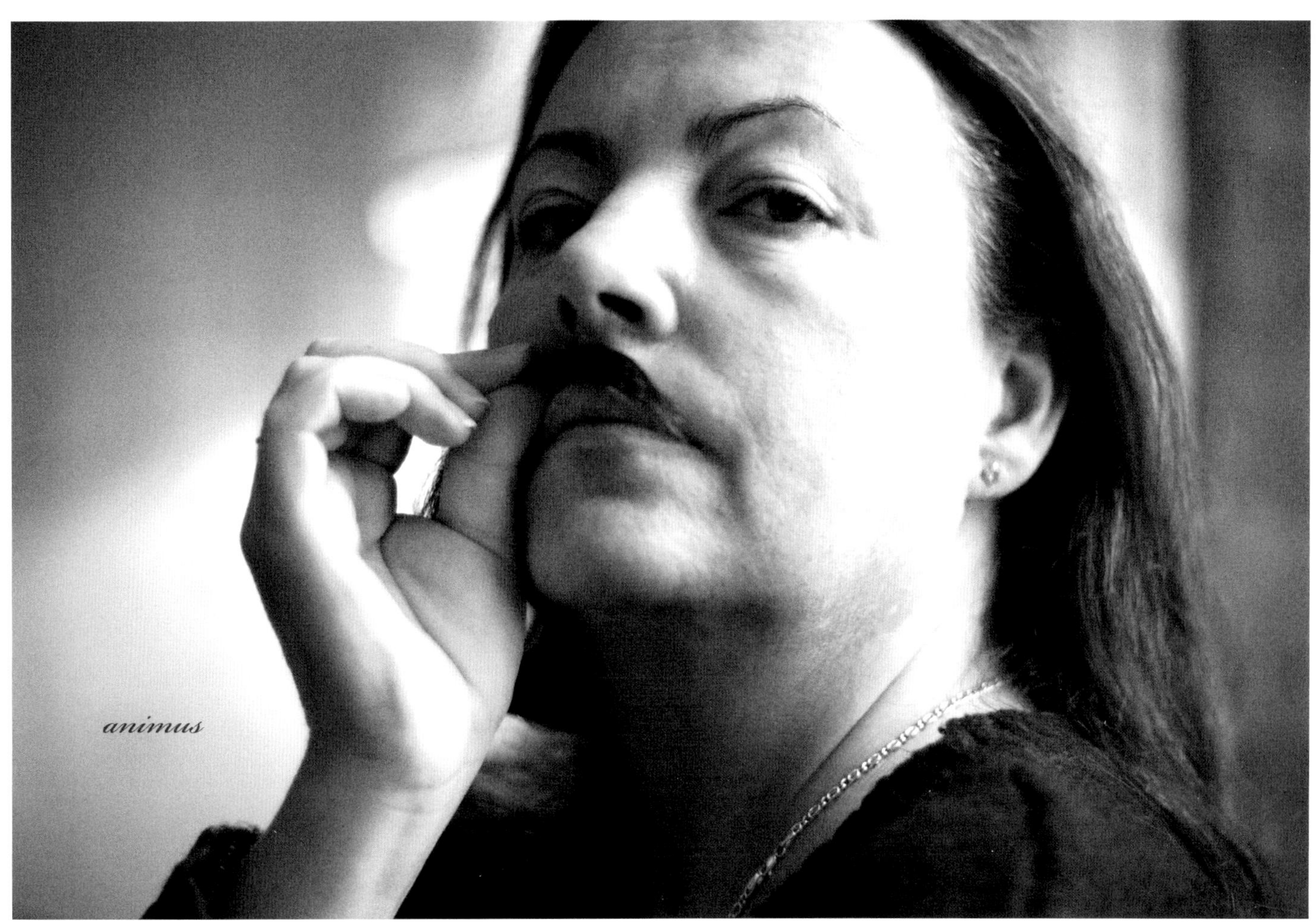
animus

. .

"Verily at the first Chaos came to be, but next wide-bosomed Earth, the ever-sure foundations of all the Gods" - Hesiod's Theogony. ("Now the earth was formless and empty, darkness was over the surface of the deep." - Genesis 1.2) The notion that before divine intervention reorganized the cosmos into a beautiful and productive world made up of distinctly separate elements, absolute chaos reigned. This concept is common to many cultures and is accompanied by the idea that chaos is a fathomless pit. Chaos is a Greek word meaning "slit" or "abyss," linked with words such as *chaino* (I am open) and *chao* (I am empty). From *chaos* comes our word for the fluid "gas." But the most chaotic element of all is the sea: liquid, protean force, with hidden abysses beneath its ever-moving surface. However the most powerful chaos is perhaps inside us: the human condition. To quote a source that many fail to include when speaking of Bergman, *Also sprach Zarathustra* by Friedrich Wilhelm Nietzsche, "one must still have *chaos* within oneself, to give birth to a dancing *star.*"

"È nacque dunque il Càos primissimo; e dopo, la Terra / dall'ampio seno, sede perenne, sicura di tutti / gli Dei" Esiodo *Teogonia.* ("La terra era informe e vuota e le tenebre coprivano la faccia dell'abisso" Genesi 1.2). Che prima del *kosmos* del mondo ordinato e distinto nei suoi elementi e reso bello e produttivo dall'azione divina, vi fosse il disordine assoluto del caos, quel che la Bibbia chiama "tohu vabohu" è un'idea diffusa in molte culture. Con essa il fatto che il disordine sia un abisso, smisurato e profondo. Caos è parola greca (*chaos*) che significa "fenditura" e "abisso" ed è legata ai verbi *chaino* (mi apro) e *chao* (sono vuoto), più lontano al sanscrito *gahati* (abbandonare) e gihiti (ritirarsi, imparentato con il neolatino *fame*). Da *chaos* deriva anche il nostro fluido "gas". Ma l'elemento caotico per eccellenza è il mare, la potenza liquida e proteiforme, che nasconde abissi dietro la sua superficie sempre mobile. E però il caos più potente è dentro di noi, forse è la condizione per il nostro essere umani. Come ha scritto una fonte che molti omettono di citare quando si tratta di Bergman, *Also sprach Zarathustra* di Friedrich Wilhelm Nietzsche, "bisogna avere un *caos* dentro di sé, per generare una stella danzante."

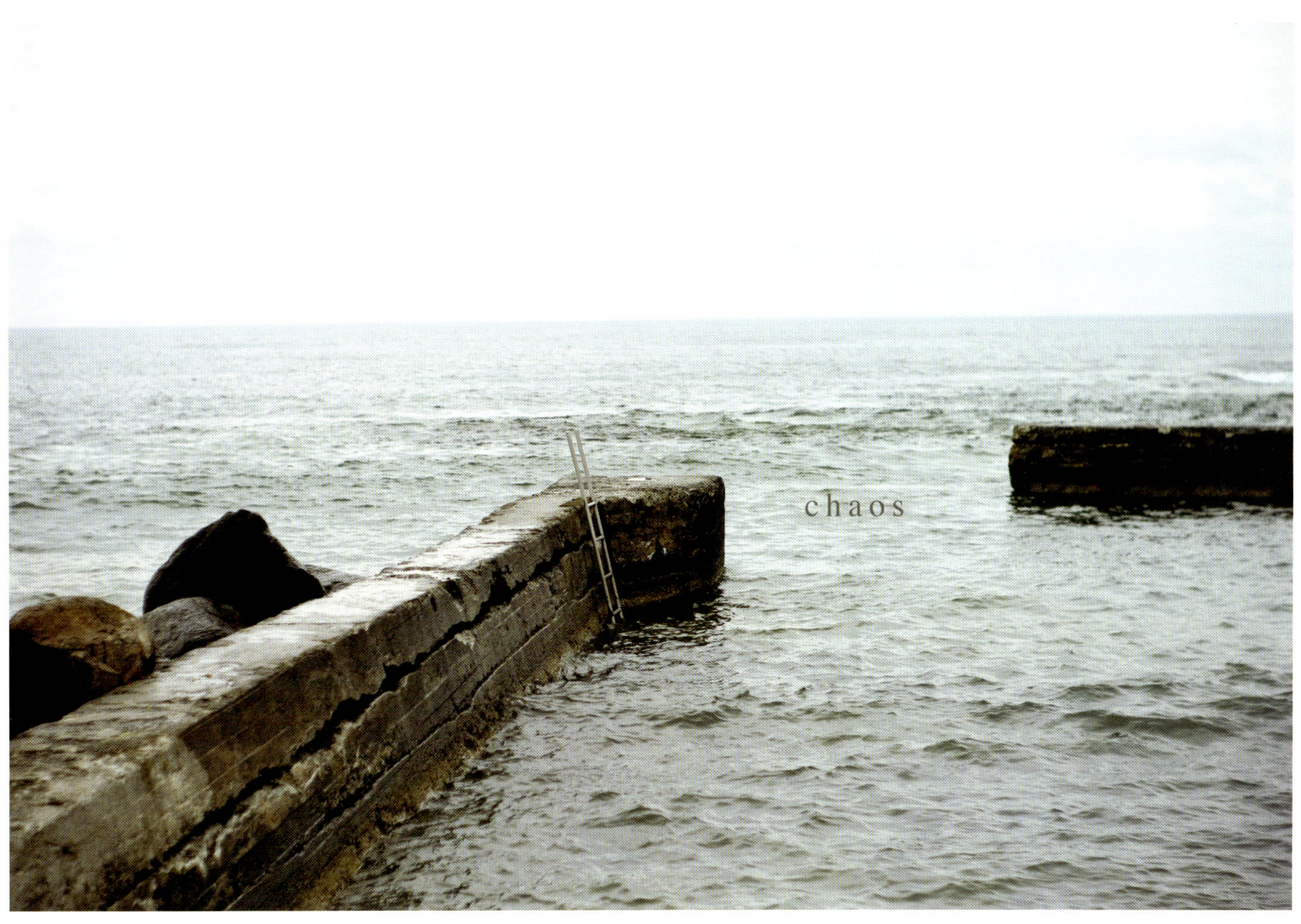
chaos

The classical Latin word for "courage" was *virtus*, la quality of being *vir*, as in "virile," masculine. At a certain point it was replaced by *coraticum*, meaning from the heart (*cor*), which, according to ancient physiology, was considered the home of thoughts as well as passions. Therefore, courage, as in internal fortitude, comes from the heart. Neither masculine nor feminine, nor exclusively physical or warrior-like: there is also the moral courage of conscience, a way of both affirming and questioning oneself that is at the center of all relationships. And then there is the courage to love that sometimes abandons us, leaving a total vacuum in its wake.

Coraggio nel latino classico è *virtus*, la qualità di essere *vir* cioè uomo; a un certo punto fu rimpiazzato da *coraticum*, ciò che sta nel cuore (*cor*), il quale nella fisiologia antica era la sede del pensiero, oltre che delle passioni. Il coraggio è dunque pienezza di cuore, forza interiore, aderenza al proprio sentire. Né maschile né femminile, né esclusivamente fisico o guerresco: vi è un coraggio morale nella coscienza, un modo di affermarsi e di mettersi in dubbio che è al centro delle relazioni. E vi è un coraggio dell'amore, che a volte manca e svuota ogni cosa.

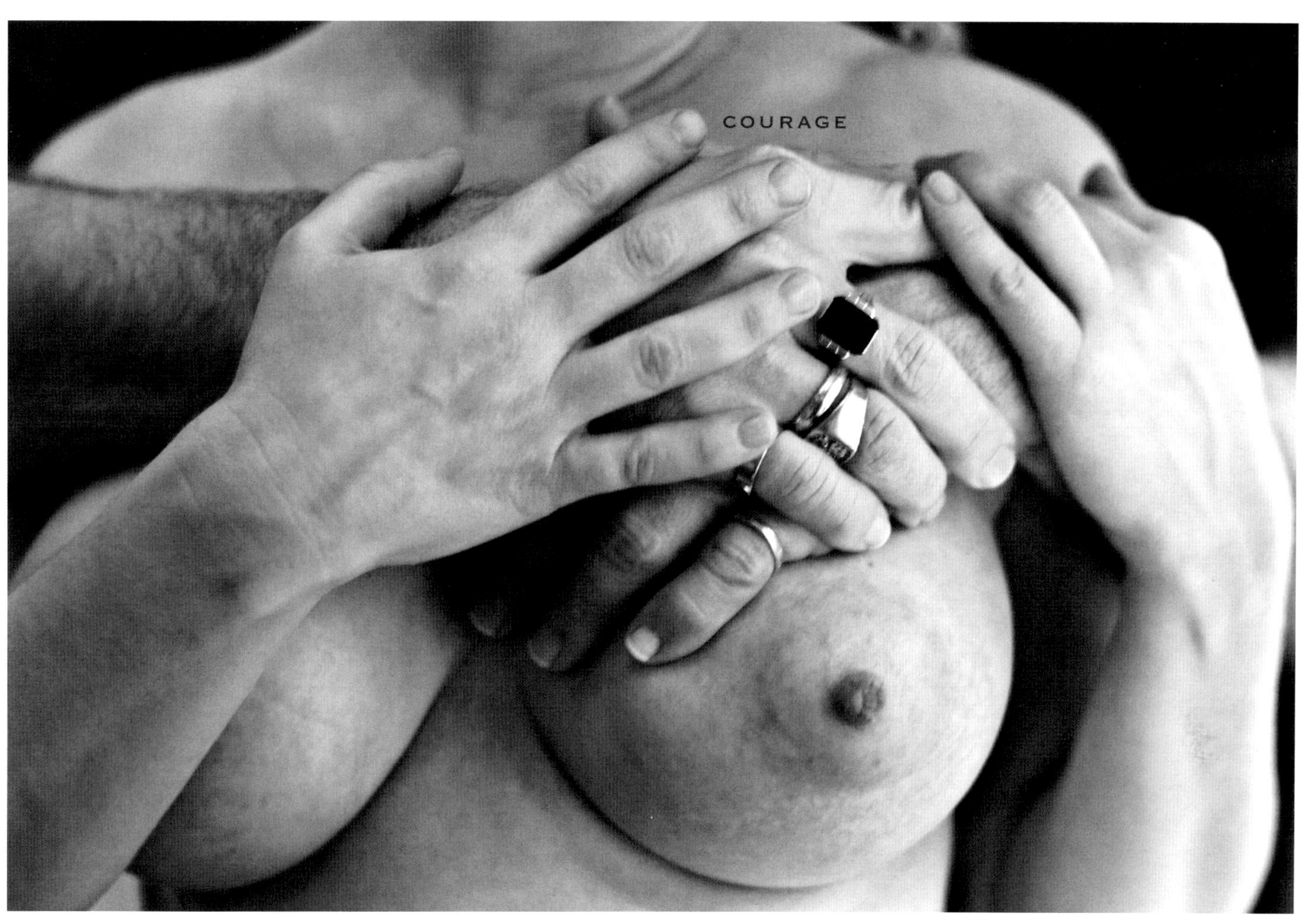
COURAGE

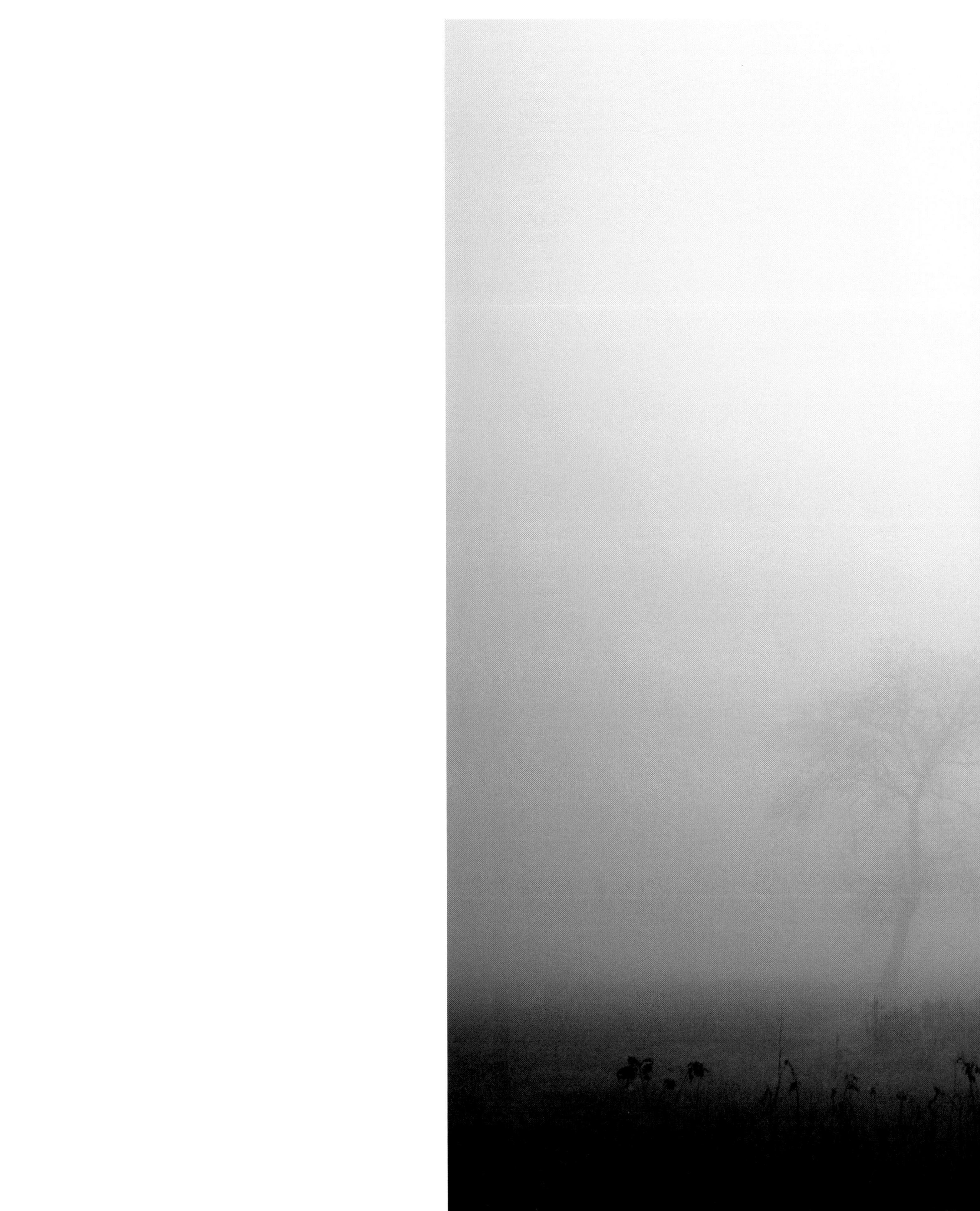

The root word for *coward* comes from the Latin word for *tail, cauda* and originates from military terminology to refer to soldiers who placed themselves at the *tail-end* of their regiment to avoid front-line combat. Subsequently, the word has come to refer to people who are afraid and seek to avoid any kind of risk. A coward does not assume responsibility for his own actions. He does not take existential risks or pay off his moral debts. He puts himself in the back of the line hiding behind the group. He is a frequent figure in the cast of characters in Bergman's world. This figure becomes less tragic if we consider that life does not always demand such responsibility. Consider herd animals, like sheep, which follow one behind the tail of the other - and only chance decides which one leads. This creates a sort of herd mentality, where individual conscience almost disappears completely and everyone seems to just follow the flock. There is a sort of happiness or at least contentment to be found in this collectivity; a feeling denied to the self-examining soul. It remains difficult to judge to what extent an individual is solitary, whole and thus potentially courageous, and to what extent he is merely a member of the herd.

Codardo è in origine chi si sistema alla coda in uno schieramento militare, evitando la prima linea dove il combattimento è più aspro. Poi chi in genere ha paura ("non ha cuore") e cerca di evitare il rischio. La parola viene dal latino *cauda* (coda) e da un suffisso di qualità o d'agente di origine germanica ed ha un significato di solito molto concreto, oltre che assai negativo. Codardo non è semplicemente l'opposto di coraggioso, ma implica un male morale nei confronti di se stessi, del gruppo, della coppia. Non prendersi le proprie responsabilità, non prendere i rischi dell'esistenza, non pagare i prezzi morali pattuiti sono cose da codardi, da gente che si mette in coda al gruppo: figure che si presentano spesso nell'immaginario dei sentimenti bergmaniano. È però possibile averne una visione meno tragica, pensare che la vita risponda anche a logiche meno esigenti di responsabilità. È il caso di animali da branco come le pecore, dove tutti stanno attaccati alla coda di chi precede - il quale è davanti per caso. Si crea così una sorta di sensibilità collettiva dei greggi, dei branchi e degli stormi, dove manca quasi la coscienza individuale e ogni reazione è di gruppo. Vi è una felicità o almeno una tranquillità in questa reazione collettiva, che all'anima che si esamina è negata. Difficile capire quanto solitari, "tutti in uno" e dunque potenzialmente coraggiosi siano gli uomini, e quanto animali da branco.

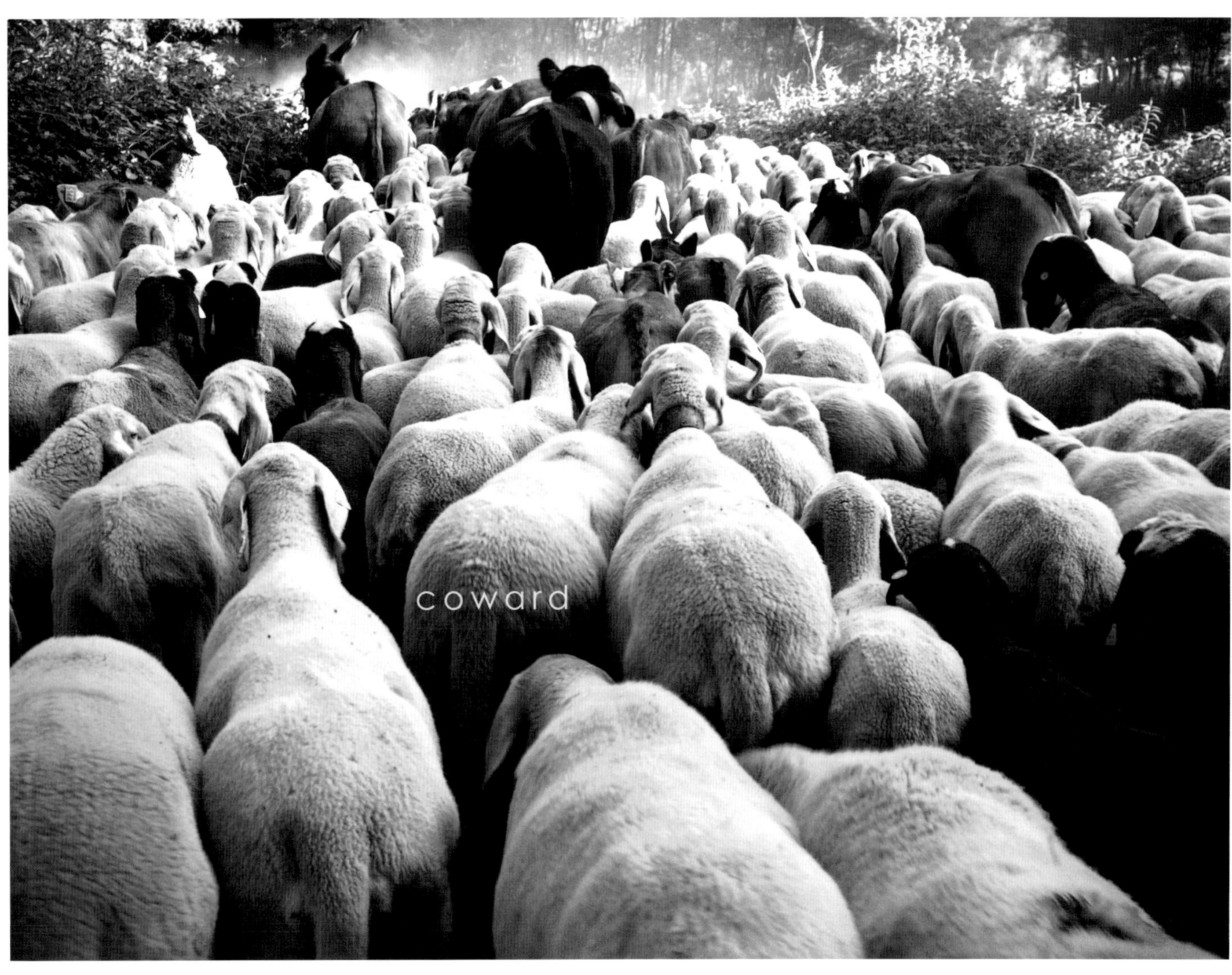
coward

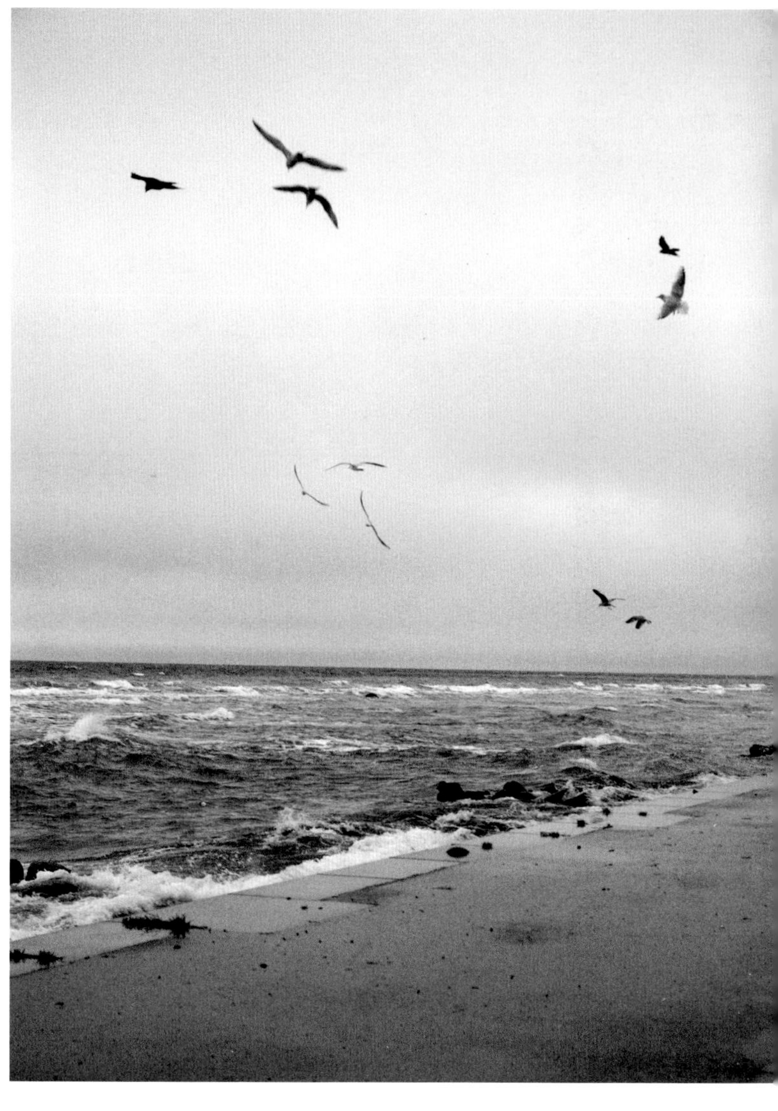

I chose Fårö for the incessant sound of the wind, the waves and the gulls.
Ingmar Bergman

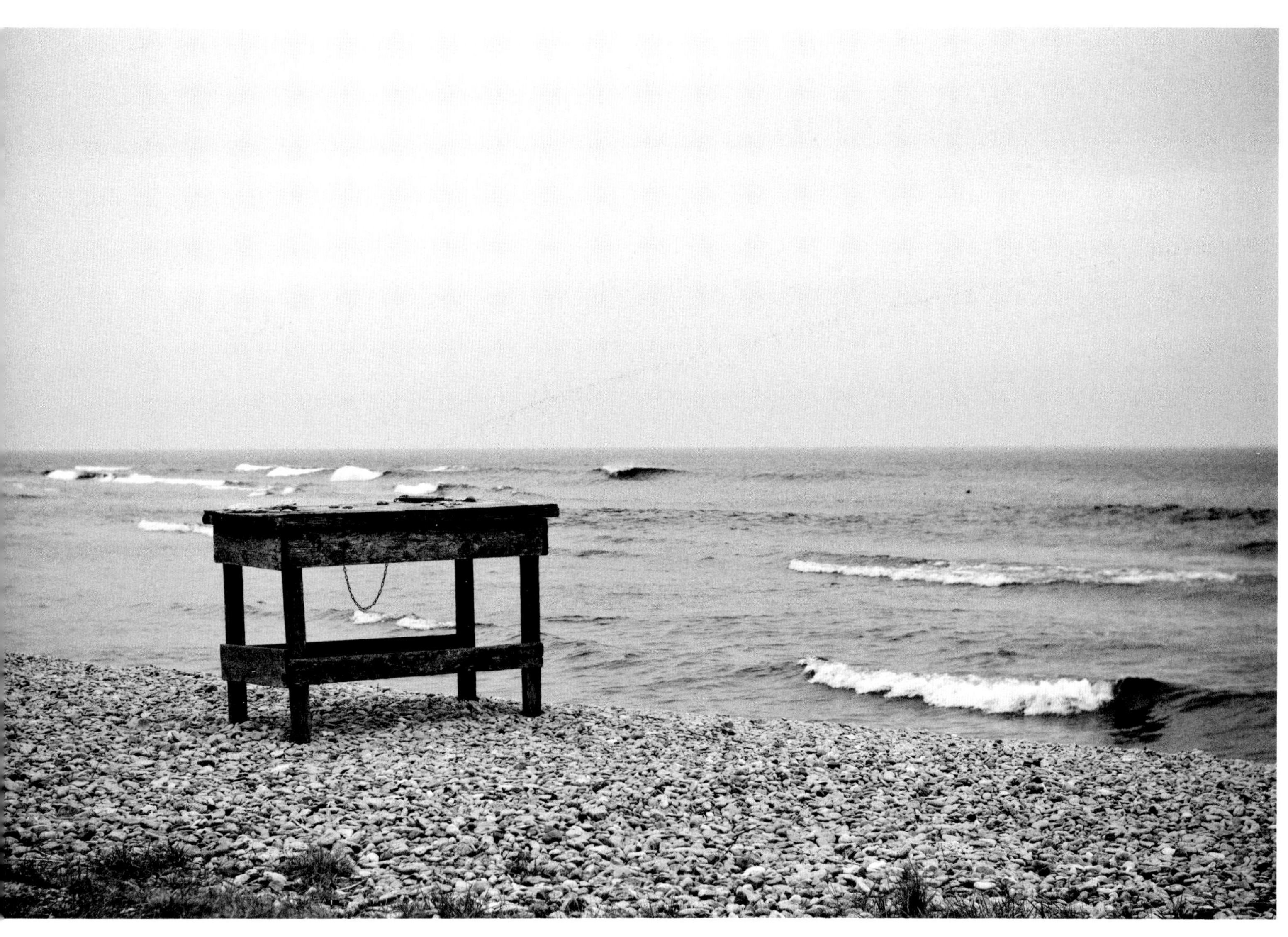

The cross was an instrument of torture employed by the Romans for carrying out the executions of rebel slaves and natives of invaded territories who opposed imperial domination. It should be stressed here that it was in no way connected to Jewish laws and traditions. Jesus was killed by the Romans, under Roman law, accused of being "rex iudaeorum," or king of the Jews. The fact, or rather the "scandal" (stumbling block), as Paul of Tarsus called it, is that an instrument of torture, an object designed to cause suffering and death, has been adopted as a religious symbol to be venerated beyond piety. This can be interpreted as divine consolation, but also as praise for suffering as a means of redemption. The Nordic Christian traditions relate heavily to this aspect: to agonize, to torment oneself, to endure suffering or even self-inflict it are therapeutic methods, means of salvation. In this sense, the Bergmanian imagination is profoundly linked to the traditions of his minister father, to the denial of serenity and self-indulgence. The fact that nowadays the cross has lost much of its dramatic significance and is currently just a symbol of Christianity, or even a mere ornamental accessory, speaks volumes about how wide the gap has become between the modern world and such an uncompromising, austere religious faith.

La croce è uno strumento di tortura usato dai Romani per l'esecuzione capitale degli schiavi ribelli e degli indigeni che si opponevano al loro dominio imperiale. Non appartiene in alcun modo alla tradizione giuridica ebraica, vale la pena di ripeterlo per chiarezza. Gesù è stato ucciso dai romani con una pena romana, incolpato di essere "rex iudaeorum", cioè capo degli ebrei. Resta il fatto, o lo "scandalo" (la pietra d'inciampo), come diceva Paolo di Tarso, che uno strumento di tortura, un oggetto destinato a dare sofferenza e morte, sia stato assunto come simbolo religioso, oggetto di venerazione, non solo di pietà. Questo fatto si può leggere in termini di consolazione divina, ma anche di elogio della sofferenza come mezzo di riscatto. La tradizione del cristianesimo nordico è particolarmente attenta a questo lato: patire, tormentarsi, subire la sofferenza o infliggersela sono mezzi terapeutici, percorsi di salvezza. In questo senso l'immaginario bergmaniano è profondamente legato alla tradizione del padre pastore, al rifiuto della tranquillità e dell'autoindulgenza. Che nel nostro mondo la croce abbia perso molto del suo senso drammatico e sia diventata un segno di riconoscimento dei cristiani, o addirittura un ornamento femminile, è un segno della distanza che si è aperta fra il mondo contemporaneo e quella fede austera e senza compromessi.

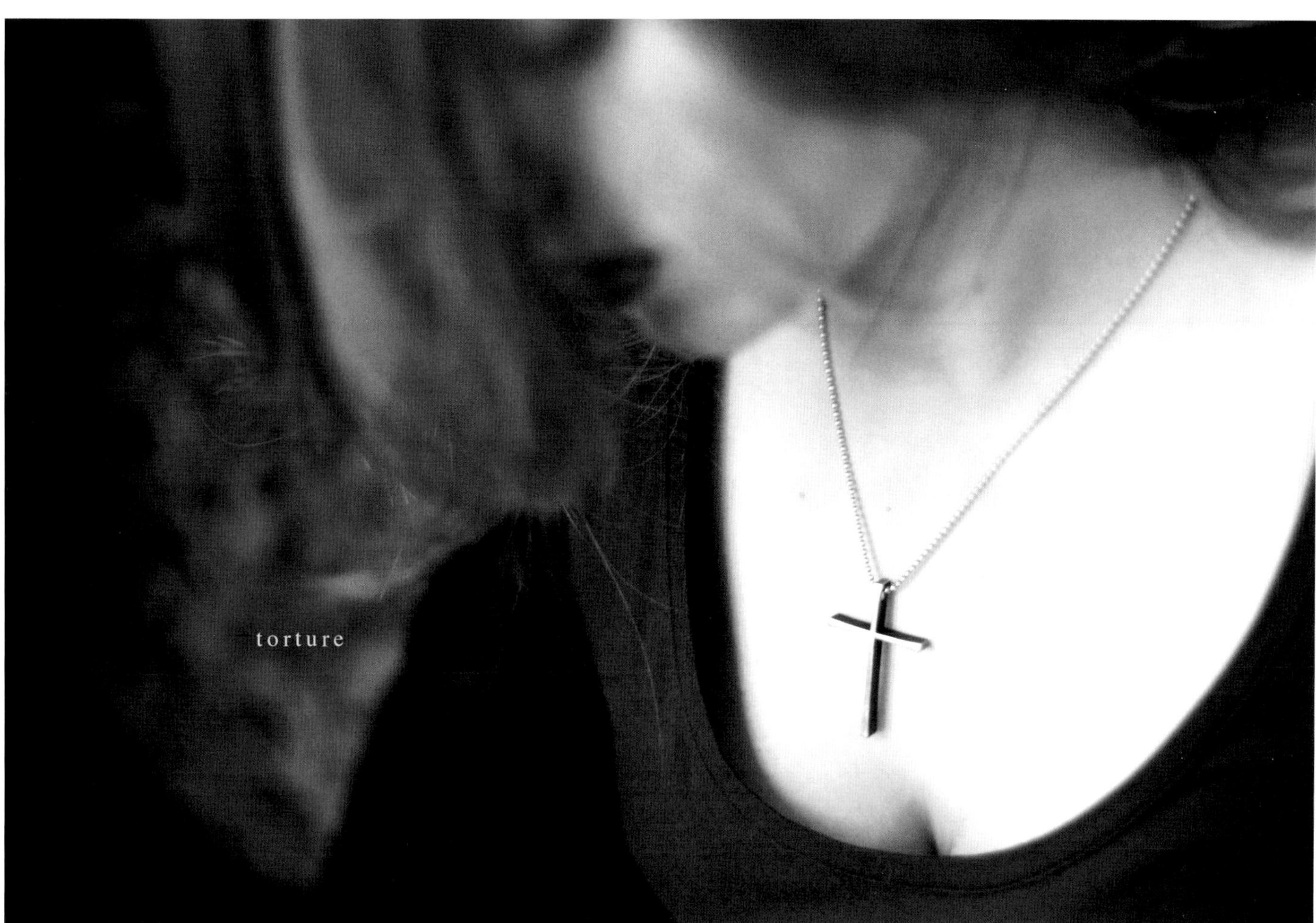
torture

Someone who is delirious (from the Latin *de*, distance and *lira*, furrow) is literally someone who can't plough a straight furrow, someone who is "off track," as we still say today, out of alignment with others and finds himself at odds with the rest of the world. It is a condition that can be quite painful and is thus repressed, medicated. But it is also the condition of artists and prophets, of those that can see what is not there, or, better, what others fail to recognize. The muses of the ancient artists were apparitions as were the revelations of the prophets, the "visions" of political or economic leaders, the "intuition" of scientists. But for the most part, prophets have not been believed, daring artists have been ignored, potential leaders have lacked followers. This kind of struggle strikes the individual all the harder; those who try to expound their own, unique vision, distinctly juxtaposed to the standard "parallel" one, without any expectations of attracting followers. The struggle of the oblique individual against the "parallelism" of the group is one of the great, recurring themes of Nordic introspection and, consequently, its literature (Strindberg, Ibsen) and it dominates Bergman's films like a vague but persistent ache pulsing through the solitude of the individual.

Chi delira (latino *de*, allontanamento e *lira*, solco) "esce dal seminato", come si dice ancora oggi, perde il proprio allineamento comune a tutti, si trova solo e "di traverso" agli altri. È una condizione che può essere naturalmente molto dolorosa, repressa, medicalizzata. Ma è anche la condizione dell'arte e della profezia, di coloro cioè che vedono quel che non c'è o piuttosto quel che gli altri non riconoscono. Le muse degli artisti antichi sono apparizioni e così le rivelazioni dei profeti, le "visioni" dei capi politici o economici, le "intuizioni" degli scienziati. Ma per lo più i profeti non sono creduti, gli artisti troppo innovativi sono ignorati, i capi stentano a farsi seguire. A maggior ragione questa difficoltà colpisce gli individui privati, che contrappongono la loro visione a quella "parallela" degli altri senza pretendere di farsi seguire da nessuno. La lotta dell'individuo obliquo contro il "parallelismo" del gruppo è fra i grandi temi dell'autocoscienza nordica e della sua letteratura (Strindberg, Ibsen) e domina il cinema di Bergman come il dolore oscuro che fa pulsare la solitudine dell'individuo.

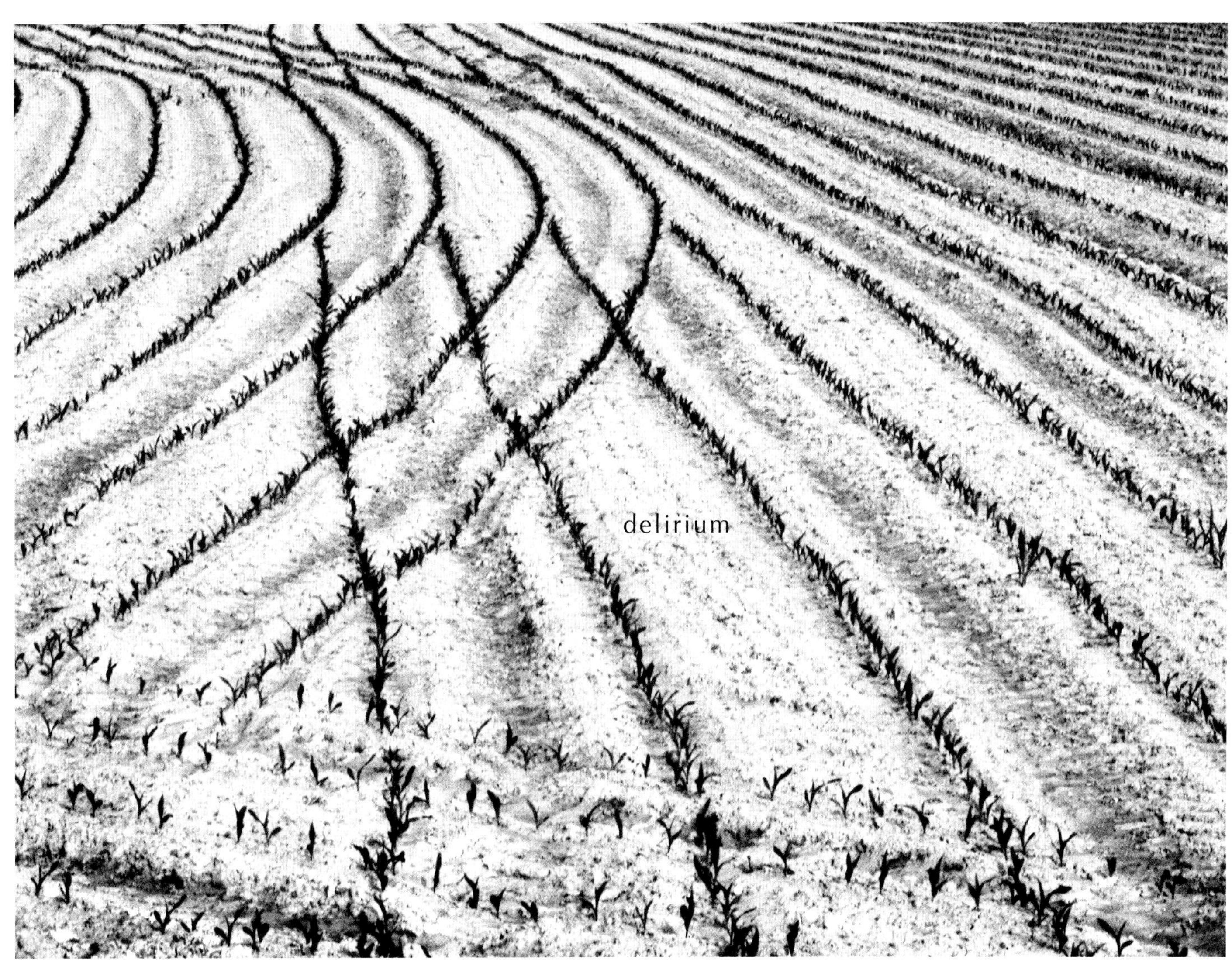
delirium

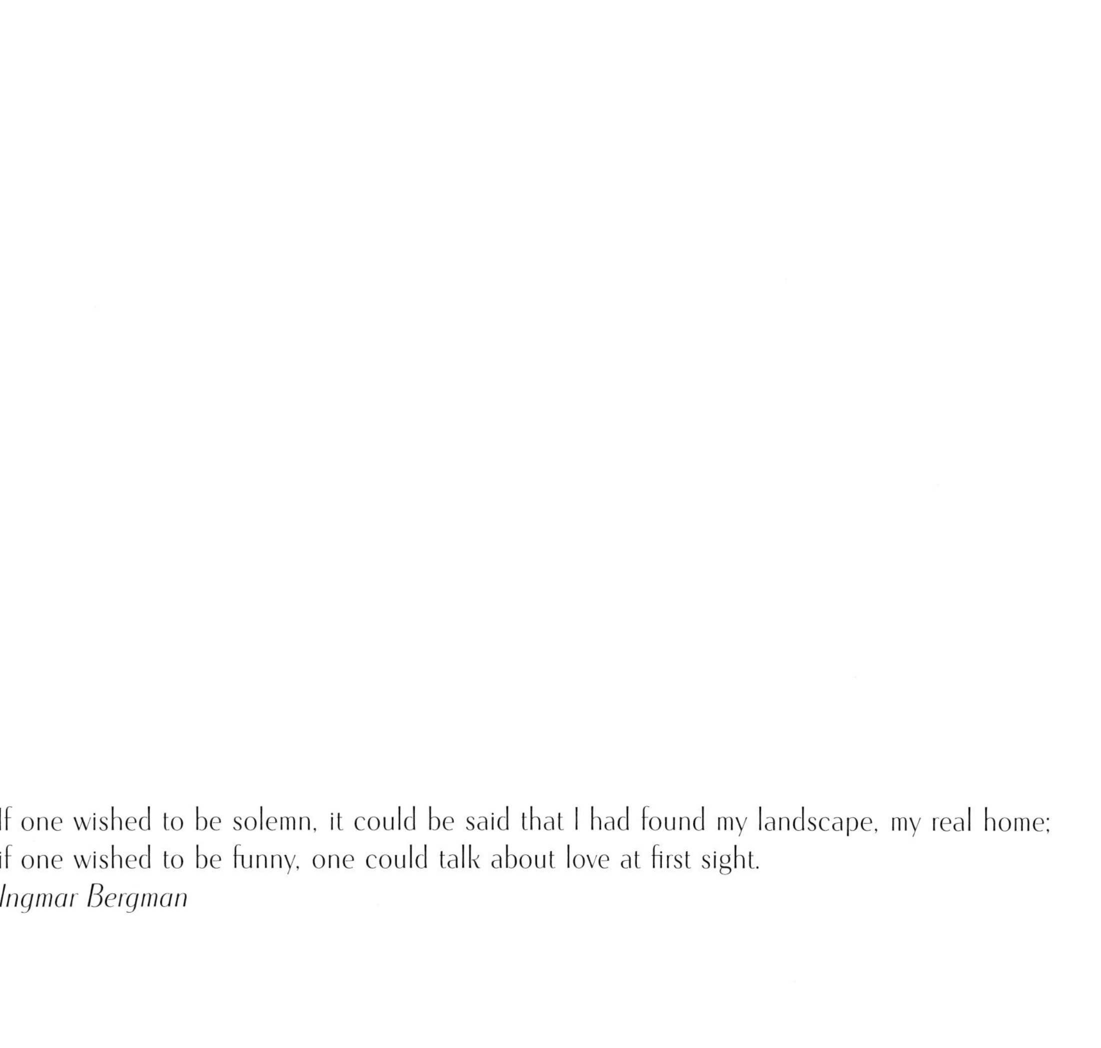

If one wished to be solemn, it could be said that I had found my landscape, my real home;
if one wished to be funny, one could talk about love at first sight.
Ingmar Bergman

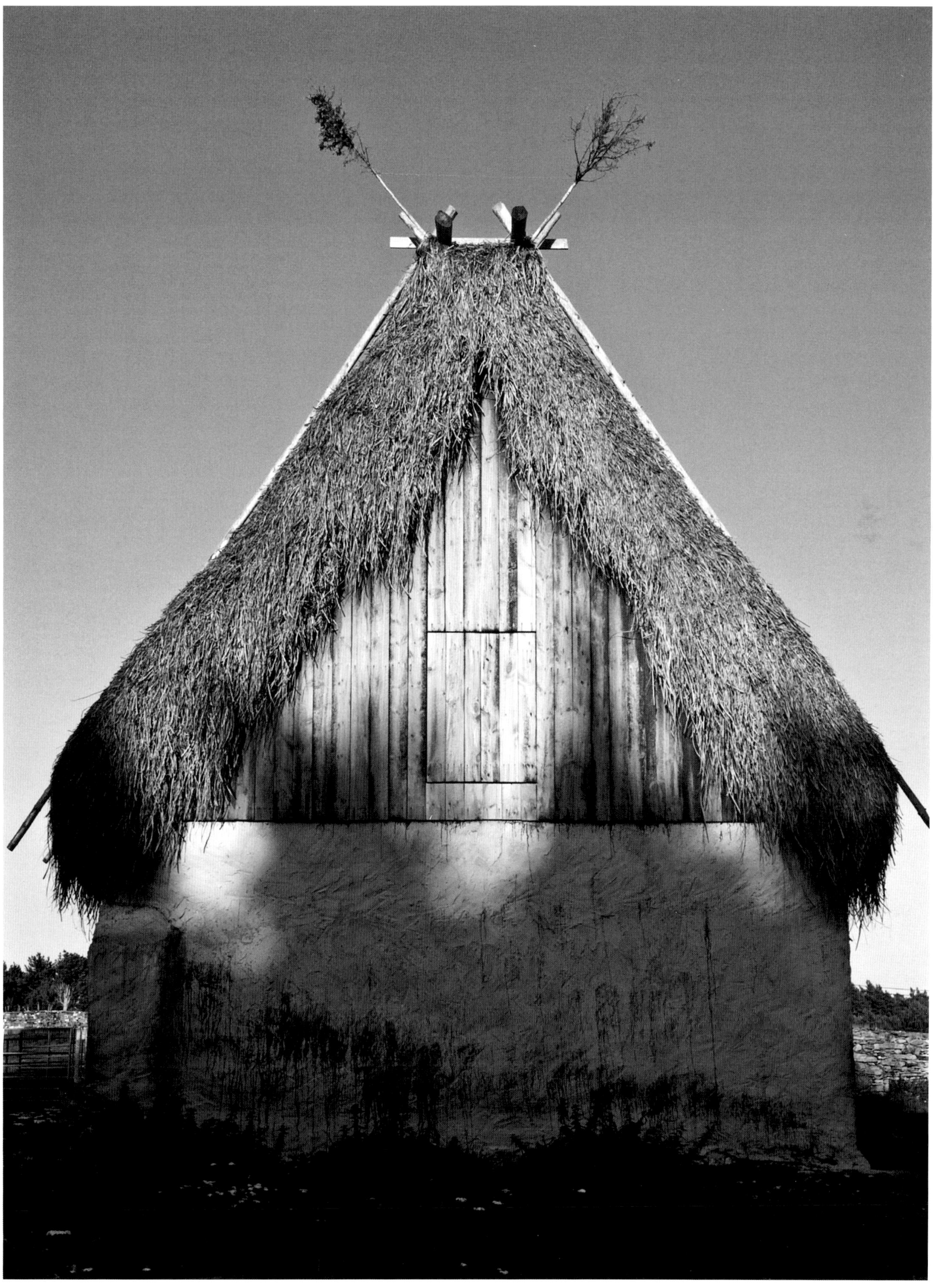

He who desires feels he is moving away from his star (*de-sidera*), that is to say, he has lost sight of his chosen destiny, his north star and, has made himself dependent on something or someone else, the object of his desires. So impatient is he to fulfill his desire, and at the same time incapable of doing so, that he seems like a cracked amphora or a plover, those swamp birds which, according to Plato, defecated as soon as they had eaten, and thus could never be satiated. Desire is therefore infinite, a distant gaze, a sacrifice of oneself for another, a detour that is always headed somewhere else. The danger and the force to become someone else.

Chi desidera si allontana dalla sua stella (*de-sidera*), cioè esce dal destino che gli è riservato e si rende dipendente da qualcos'altro o qualcun altro, l'oggetto del suo desiderio. Ne è così impaziente e allo stesso tempo è così incapace di soddisfarsi con esso, da somigliare a un orcio bucato o a un piviere, l'uccello di palude che secondo Platone defeca subito ciò che mangia e non può mai saziarsi. Il desiderio è dunque infinito, è uno sguardo lontano, un immolarsi della persona verso altro, una deviazione che mira sempre altrove. Il pericolo e la forza di essere altro.

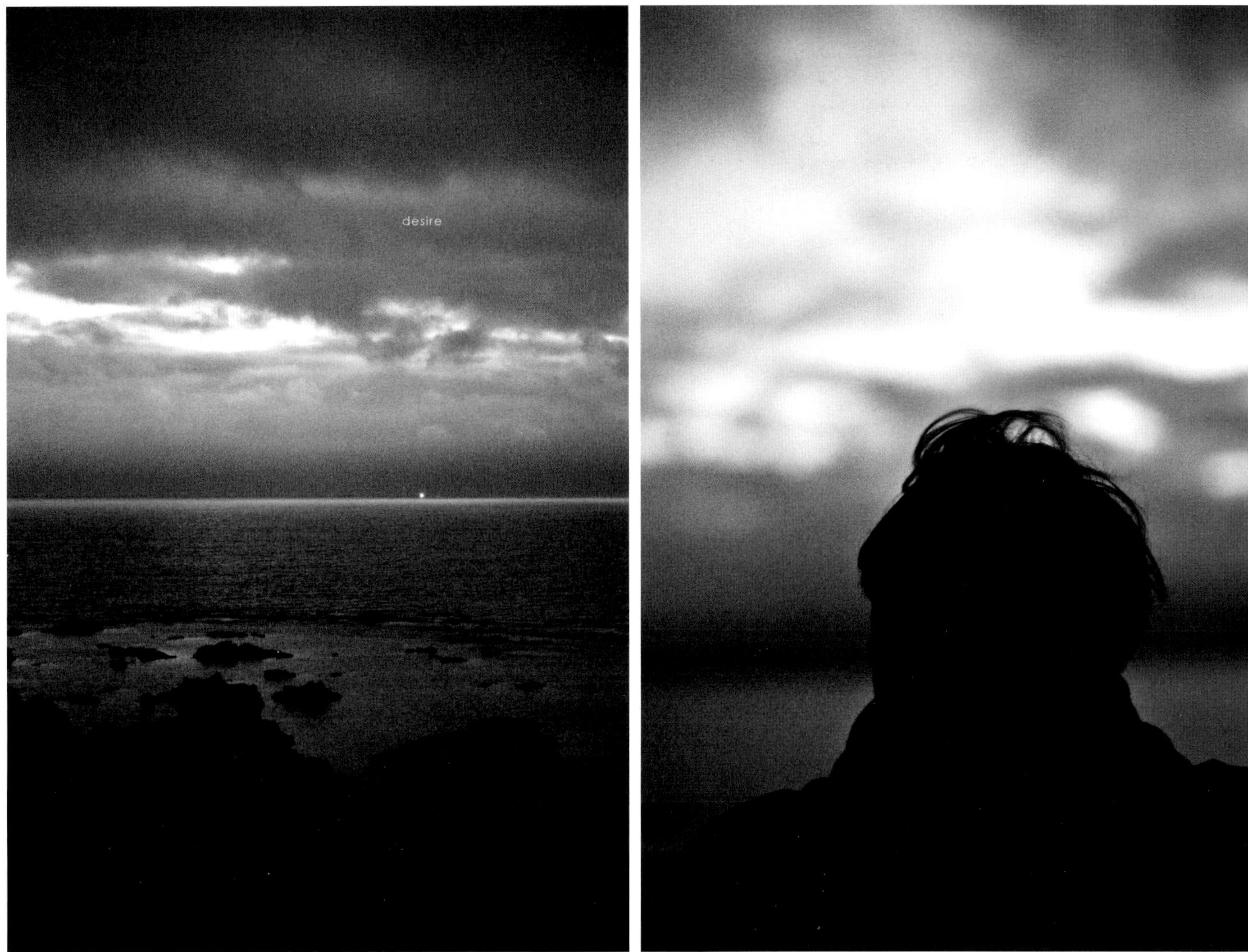
desire

An exile is someone who comes out of (ex-, exits) or is expelled from one's hearth and home, his home turf or soil (Italian "suolo", exile: esule=ex-suolo; etymologically similar to how a "consul," who coordinates a territory, is "con-suolo," or "with" the soil, the land). In any case, it is a word that suggests distance and exclusion. To be exiled therefore presupposes the existence of a homeland and a forced expulsion from it, an escape, a dispersion, the pain of displacement. Between the subject and his homeland lies a barrier, an unbreachable gap. Such experiences are extremely intense, whether on an individual or a collective scale, but that is not Bergman's take on it. For him, exile is an internal, interrelational concept: "I know you are there, but I cannot reach you. I am outside the walls. I have closed myself out," as Andrea says in *The Passion of Anna*.

L'esule è qualcuno che esce fuori (ex) o è espulso dalla sua sede o soglio, o lontano dal suo suolo, secondo diverse proposte etimologiche, come il presule vi presiede e il console lo coordina. Resta l'idea della lontananza e dell'esclusione. Essere esiliato presuppone dunque l'esistenza di un luogo proprio e il distacco obbligato da esso, la fuga, la dispersione, il dolore dello spiazzamento. Fra il soggetto e il suo luogo proprio vi è una barriera, una distanza invalicabile. Sono esperienze individuali e collettive concrete di grande intensità, che non riguardano però il modo bergmaniano. L'esilio per il regista svedese è interiore e relazionale: "so che ci sei ma non posso raggiungerti. Sto fuori dal muro, mi sono chiuso fuori," come dice Andrea in *La Passione di Anna*.

EXILE

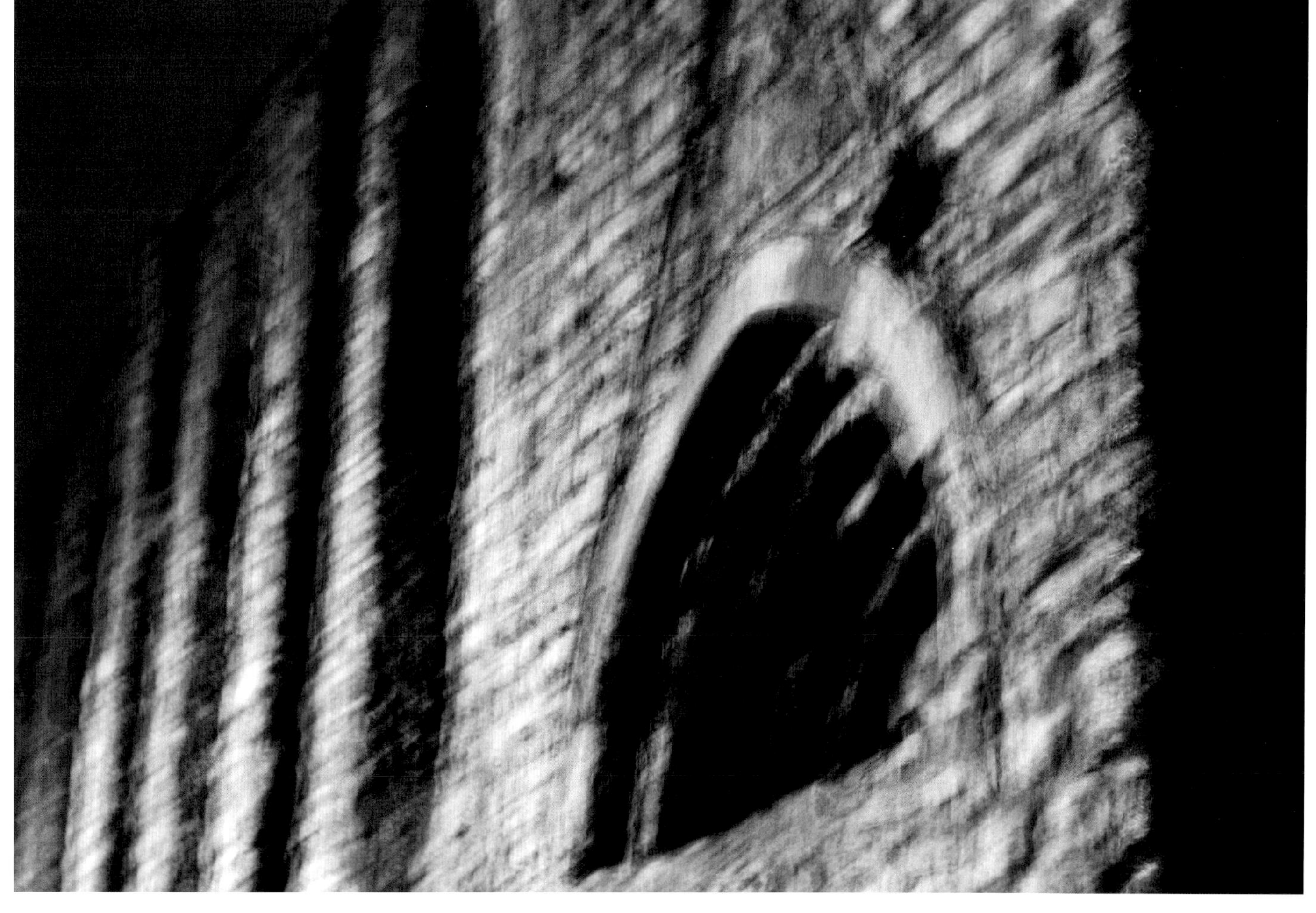

"Exist" in Latin is composed of the prefix "ex-" (out) and a frequentative form of the the verb "to be." Existence, then, is not merely the state of being a thing, like a tree or a rock: it implies standing outside oneself, being "exposed" (of similar etymology), suspended in life. Philosophy and classic theology often insist on portraying human existence as an intermediate state, suspended halfway between the tangible world of animals and the equally well-defined realm of angels. Much of contemporary philosophy is focused on the challenge of existence, on the nothingness that threatens it, on the risk at the heart of it that can motivate it or render it pointless. Bergman's films, for their way of dealing with these themes, have sometimes been defined as "existentialist."

Esistere in latino è composto dal prefisso ex (fuori) e da un frequentativo del verbo stare. Chi esiste dunque non è semplicemente ciò che è, come un albero o un sasso: sta fuori di sé, è "esposto" (l'etimologia è molto simile), sospeso nella vita. Nella filosofia e nella teologia classica si è spesso insistito sul carattere intermedio dell'esistenza umana, sospesa a metà strada fra l'essere solido degli animali e quello altrettanto definito degli angeli. Buona parte della filosofia contemporanea con Heidegger, Sartre, Jaspers e molti altri ancora si è concentrata sulla sfida dell'esistenza, sul nulla che la insidia, sul rischio che sta nel suo cuore, può motivarla o renderla insensata. Il cinema di Bergman, affrontando a modo suo questi temi, è stato talvolta definito "esistenzialista."

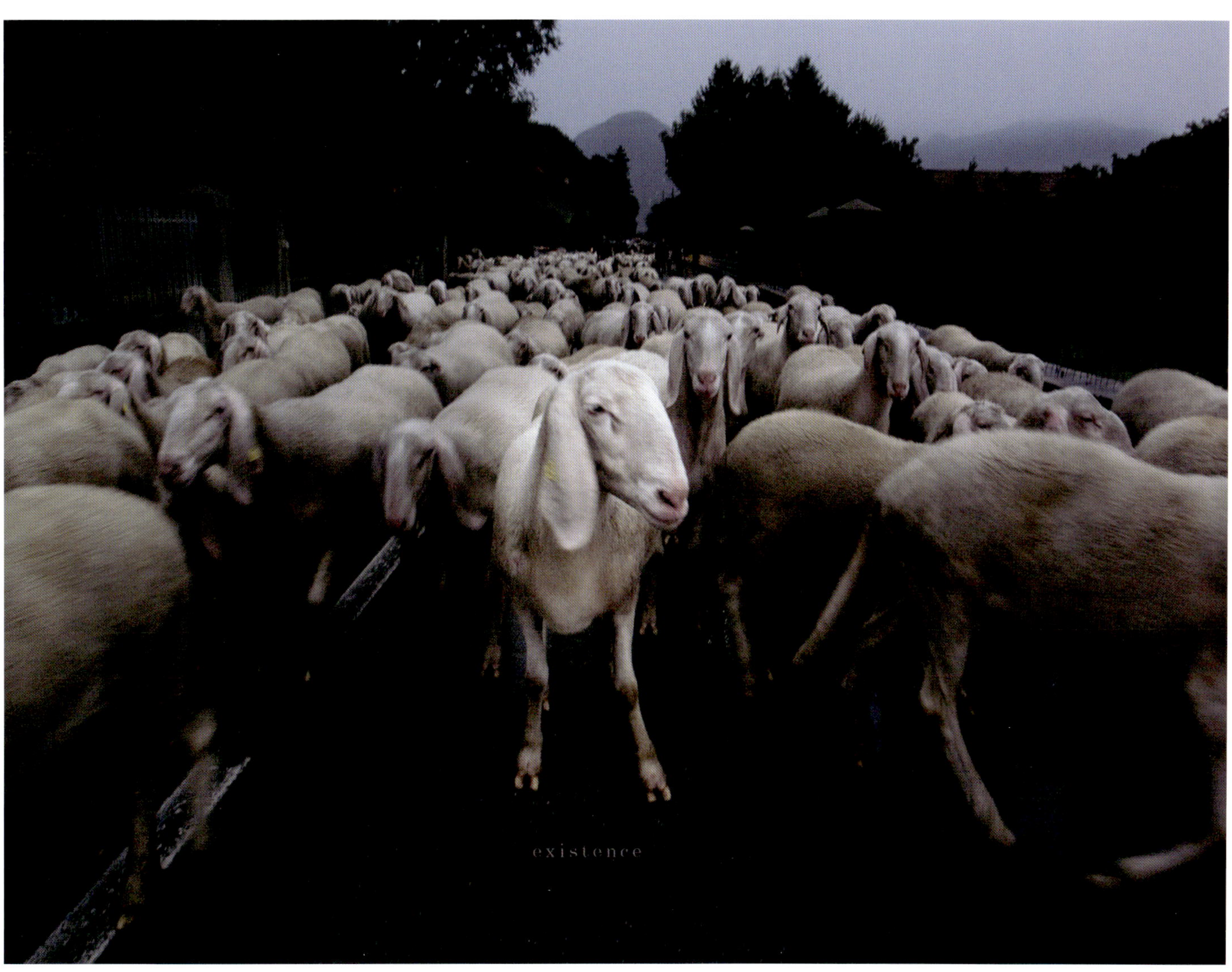
existence

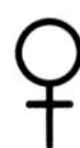

The feminine is the center of Bergman's attention and with it, the problematic relationship with the world of men that always accompanies it. His films are packed with views of women's worlds, always diametrically opposed to that of men, reflecting cultural traditions, religious beliefs, social conditions. And struggles. The symbol for female still used today in a number of contexts consists of the ancient astrological sign for the planet Venus: a circle atop a small cross. The circle is thought to represent a stylized version of the hand mirror of the Goddess Venus, in which a woman contemplates her body, but which is also a place for reflection, intimacy and secrets.

Il mondo femminile è al centro dell'attenzione di Bergman e con esso il suo sempre problematico rapporto con quello degli uomini. Il suo cinema è fitto di sguardi diversi sul mondo femminile, sempre polarizzato rispetto al suo omologo maschile, in cui si riflettono tradizioni culturali, credenze religiose, condizioni sociali. E lotte. Il simbolo del femminile che si usa spesso ancora in diversi contesti, ci viene da quello che l'astrologia ha anticamente attribuito al pianeta Venere: un cerchio cui si aggiunge in basso una piccola croce. Il cerchio può essere uno specchio, in cui il femminile si contempla come corpo, ma anche il luogo della riflessione, dell'intimità, del segreto.

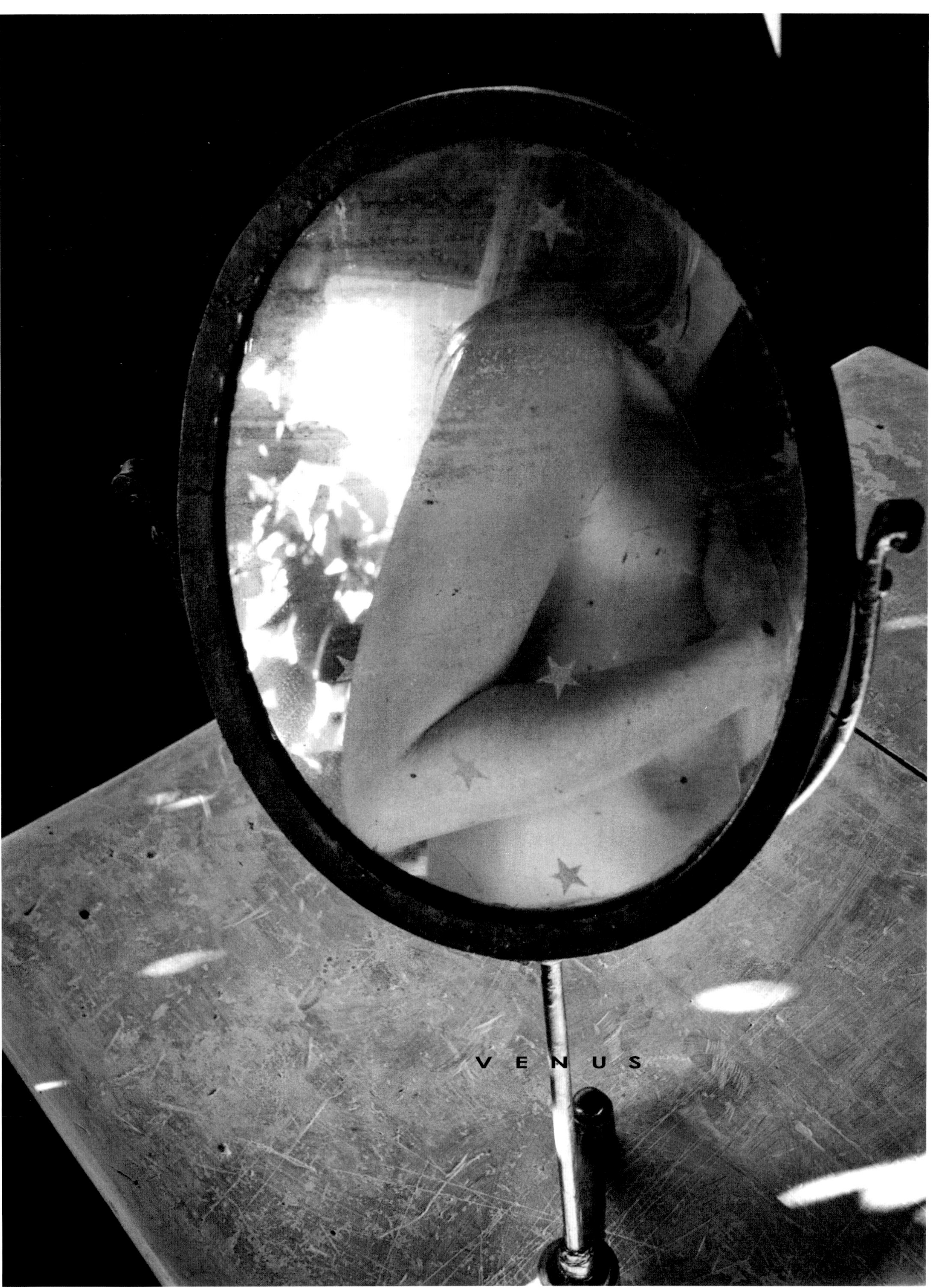

VENUS

A musical fugue is a classical composition that continuously varies its themes and its harmonies, slipping further and further from its point of origin, without a break or interruption, like a suite of rooms which open one directly onto the next which the Italians call a "fuga di stanze," or "flight of rooms." But the very force that makes a musical fugue depart from its point of origin often brings it back to its starting point to begin again, like a merry-go-round. The word derives from the Latin *fugere*, to escape (from which also comes *fugare*, to exile), which in turn comes from the Indo-European root, BHUG, meaning "to bend, to curve, to avoid." If cinema generally resembles music in its capacity to directly evoke emotions, as Bergman maintained, many of his works have the same slow progression of variations more characteristic of a fugue than, for example, the closed form of a song or a sonata.

Una fuga musicale è una composizione classica che varia continuamente il suo tema e la sua armonia, spostandosi sempre più lontano dall'origine, senza che vi sia mai una rottura o una soluzione di continuità, come quando si parla di una "fuga di stanze". Ma la fuga musicale spesso a forza di allontanarsi ritorna sul suo motivo di partenza e riparte di lì - come una giostra. La parola deriva dal latino *fugere* (da cui anche *fugare*, esiliare), che a sua volta rimanda alla radice indoeuropea BHUG, che vale "piegarsi, curvarsi, evitare". Se il cinema in generale somiglia alla musica nella sua capacità di suscitare direttamente emozioni, come sostiene Bergman, molte sue opere hanno lo svolgimento lento e progressivo, per variazioni successive, che è caratteristico della forma della fuga, assai più che quella chiusa della canzone o della sonata.

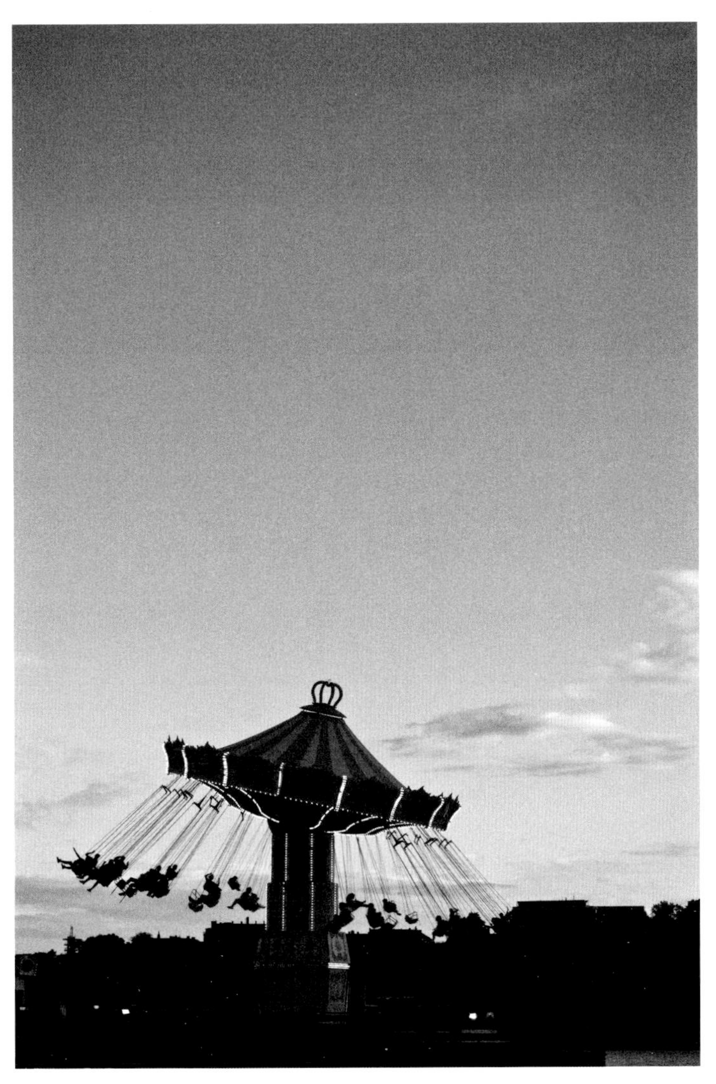
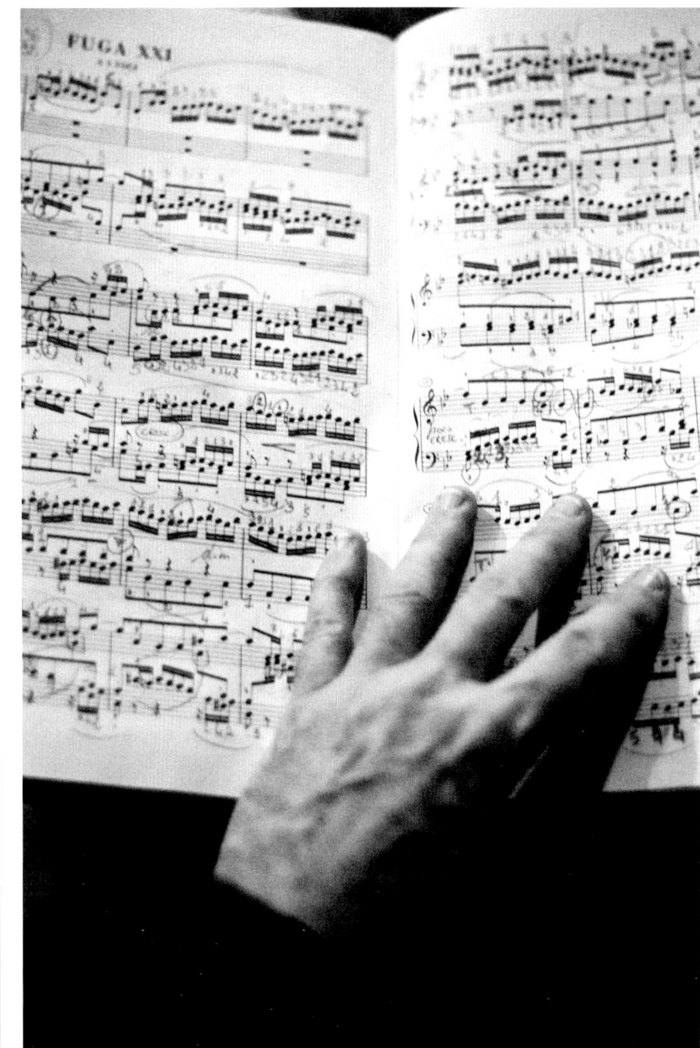
FUGA XXI

The Latin *humilis*, from which comes the word *umile* in many neo-Latin languages and the English *humble*, is a word which originally referred to a baseness of conditions and thoughts. In fact, the word comes from *humus* - earth in the sense of soil - and is often used with negative connotations ("to be of humble origins" or "low born"). It was with the advent of Christianity in Europe, and the introduction of social themes by the Bible, that the meaning was reversed: to be humble before God was a virtue. The first man, according to Genesis, *Adam*, was made of earth, *adamà*. Moses, known as the most humble of the prophets even though he had been educated in the royal courts of Egypt, when facing the Divine apparition in the form of the burning bush, was instructed to remove his sandals so his bare feet would remain in direct contact with the earth.

Il latino *humilis*, da cui viene la parola *umile* in molte lingue neolatine e l'inglese *humble* è parola che si riferisce originariamente alla bassezza di condizioni e di pensieri. Viene infatti da *humus*, la terra nel senso del suolo ed è stata a lungo usata in senso negativo ("una parola di umili natali"). È con l'ingresso dei temi sociali della Bibbia in Europa, grazie al Cristianesimo, che la valutazione si rovescia: essere umili, soprattutto di fronte alla Divinità, diventa un valore. L'uomo della Genesi, *Adam*, è fatto di terra *adamà*. Mosè, conosciuto come il più umile dei profeti benché educato alla corte d'Egitto, di fronte all'apparizione divina del roveto ardente, viene istruito a togliersi i sandali e restare scalzo a contatto con la terra.

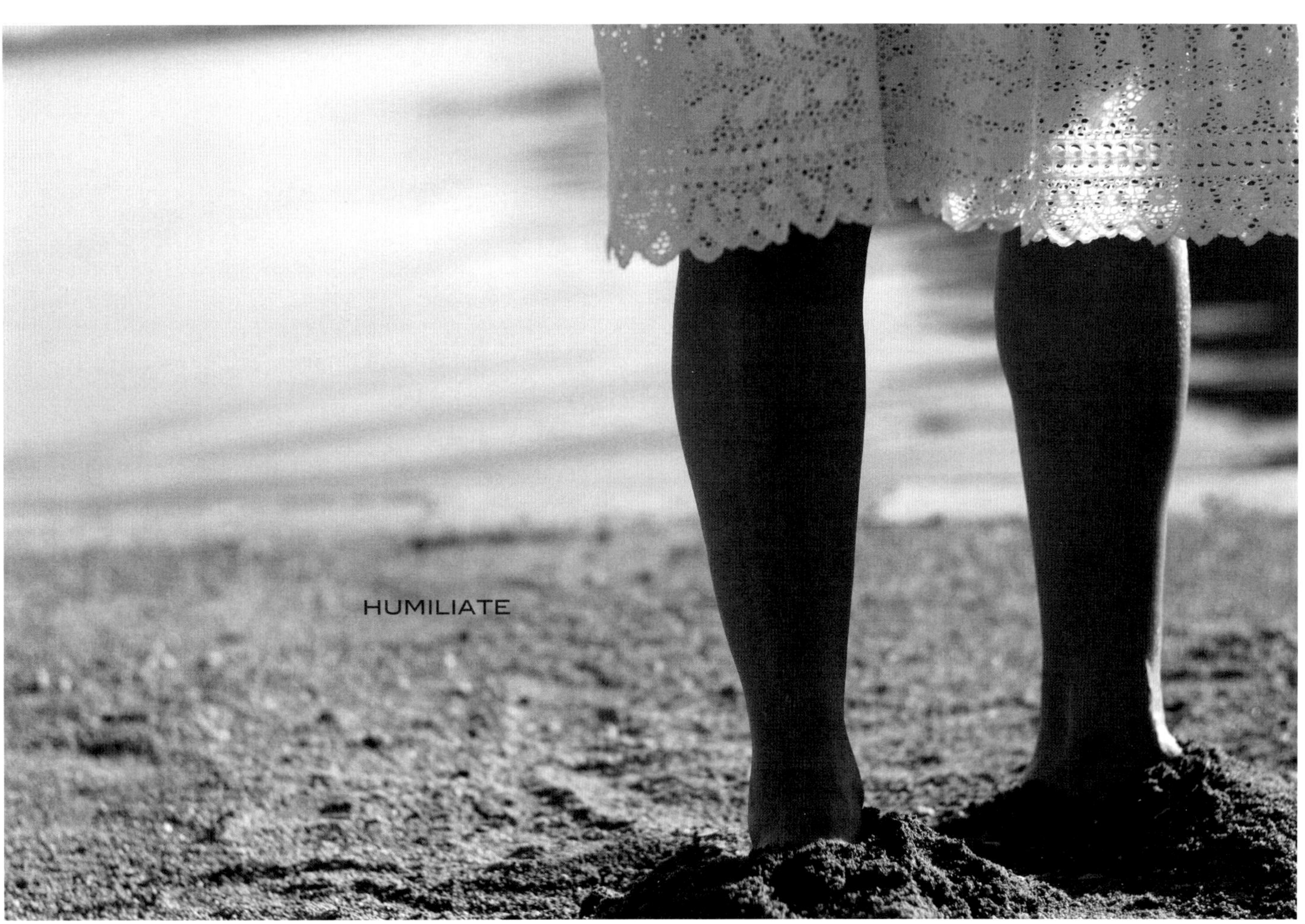
HUMILIATE

To be exhausted like an over-driven horse, or bored like someone who has run out of energy, a lifestyle that modern psychology often refers to using metaphors such as *burn out*. This concept which figures significantly in Bergman's films, happens when an existential crisis seems insurmountable and existence itself seems to be a total waste of energy, regardless of what is going on in our lives in terms of work or relationships. The word "jaded" comes from *jade*, meaning an exhausted horse, originating from the ancient Germanic word for mare, *jalda*, deriving from the Ugro-Finnish root *al'd'a*. The term is sometimes used as an insult specifically aimed at women.

Essere esausti come un cavallo stremato, o annoiati come chi ha esaurito le proprie forze vitali; un modo di vivere che nella psicologia contemporanea spesso si indica con la metafora del fuoco: *burn out* e che è ben presente nelle figure del cinema di Bergman, quando la crisi esistenziale sembra insuperabile e l'esistenza appare una fatica inutile al di là di qualunque aggravio di relazione o di lavoro. La parola viene da *jade* che significa un cavallo esausto, forse dall'antico germanico *jalda* che significava cavalla, probabilmente sulla base di una radice ugrofinnica *al'd'a*. Il termine è talvolta impiegato come insulto specificamente diretto alle donne.

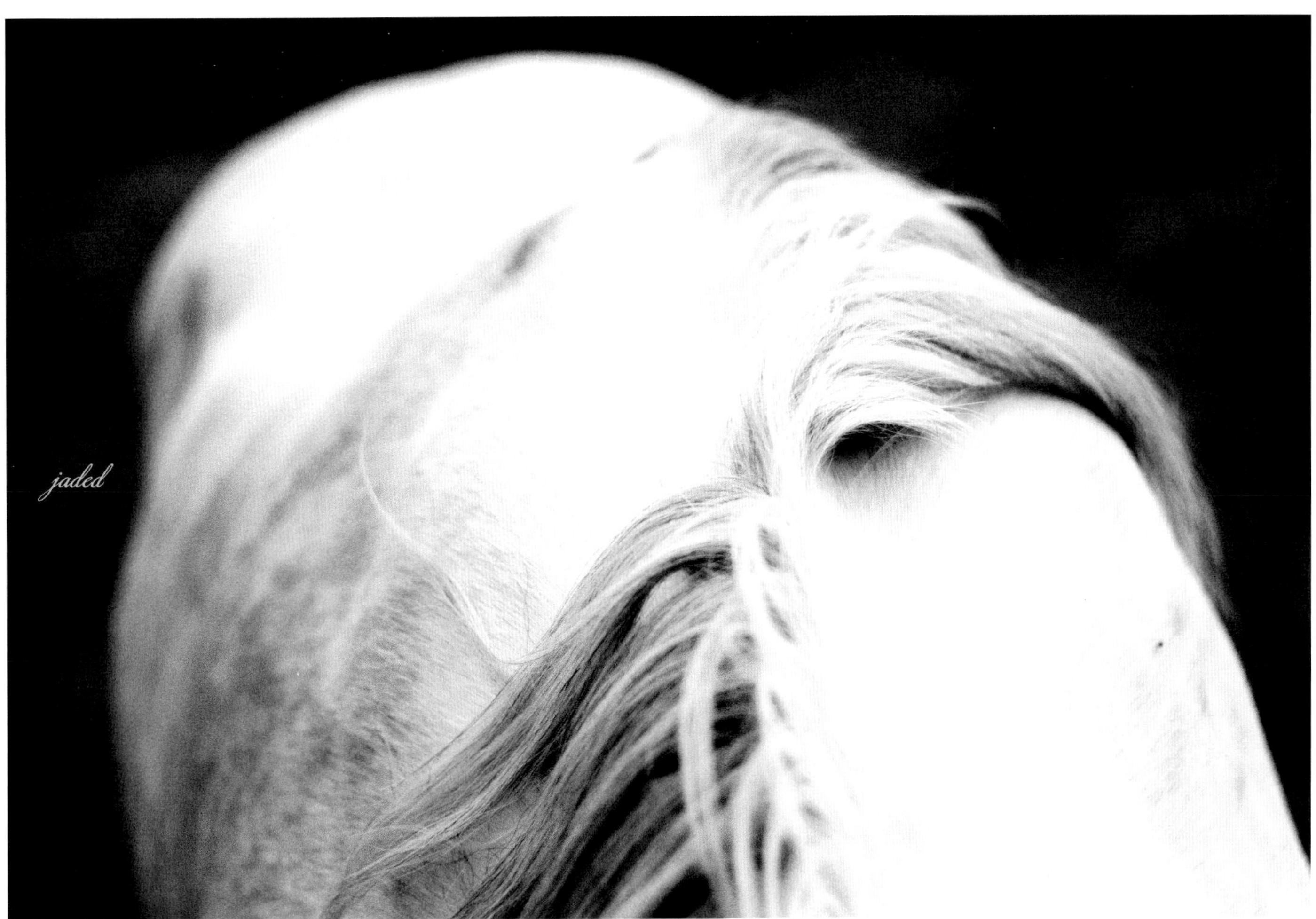
jaded

The word "marionette" is an Italian derivative of Maria, based on dolls representing the Virgin Mary or from a Venetian festival where the damsels dressed like her. In the theatre, the marionette has often come to represent an ideal of perfection that goes beyond an actor's psychology. Goethe speaks of this at the beginning of *Wilhelm Meister*, as being the origin of his "theatrical vocation." The theme is taken up again in a famous essay by playwright von Kleist in which he compares their organic perfection to a fighting bear, and again by Gordon Craig with his theory of the super-marionette, the actor of the future. For Pirandello, the marionette became a symbol of the destiny that rules the lives of men, making them incapable of freeing themselves from the invisible and often imperceptible strings that control them.

Il nome, che è un vezzeggiativo italiano, deriva da certe piccole figure che rappresentavano Maria o forse da una festa veneziana in cui delle fanciulle rappresentavano il suo ruolo. Nel teatro la marionetta ha rappresentato spesso un ideale di perfezione al di là della psicologia dell'attore. Ne parla Goethe all'inizio del suo Wilhelm Meister, come origine della sua "vocazione teatrale"; poi il drammaturgo von Kleist in un celebre saggio in cui le paragona alla perfezione organica di un orso combattente, lo riprende Gordon Craig con la sua teoria della supermarionetta, attore del futuro. Con Pirandello la marionetta diventa il simbolo della sorte che avvince e pilota gli uomini, senza che loro possano liberarsi dei fili che li muovono e spesso neppure accorgersene.

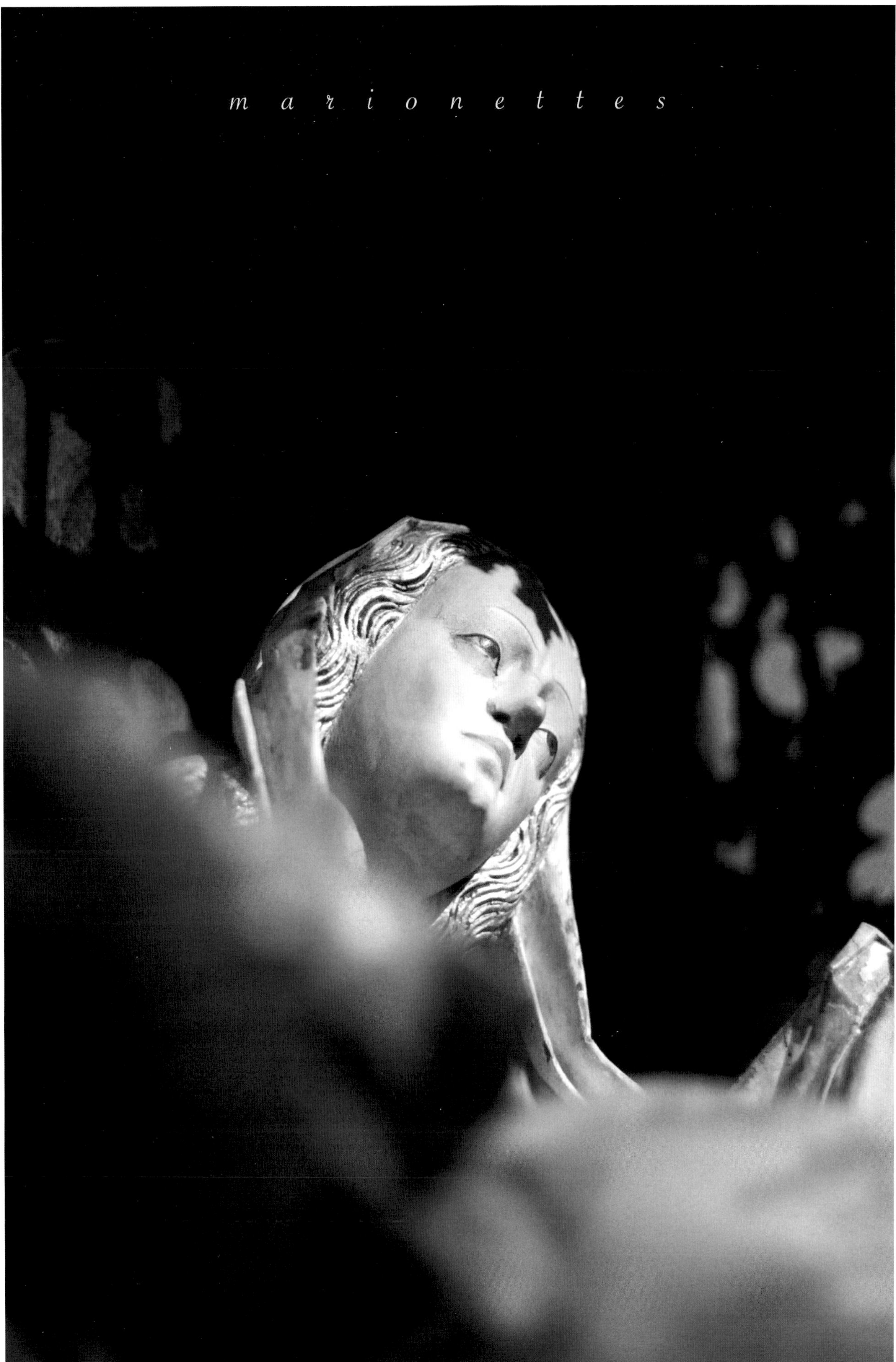

m a r i o n e t t e s

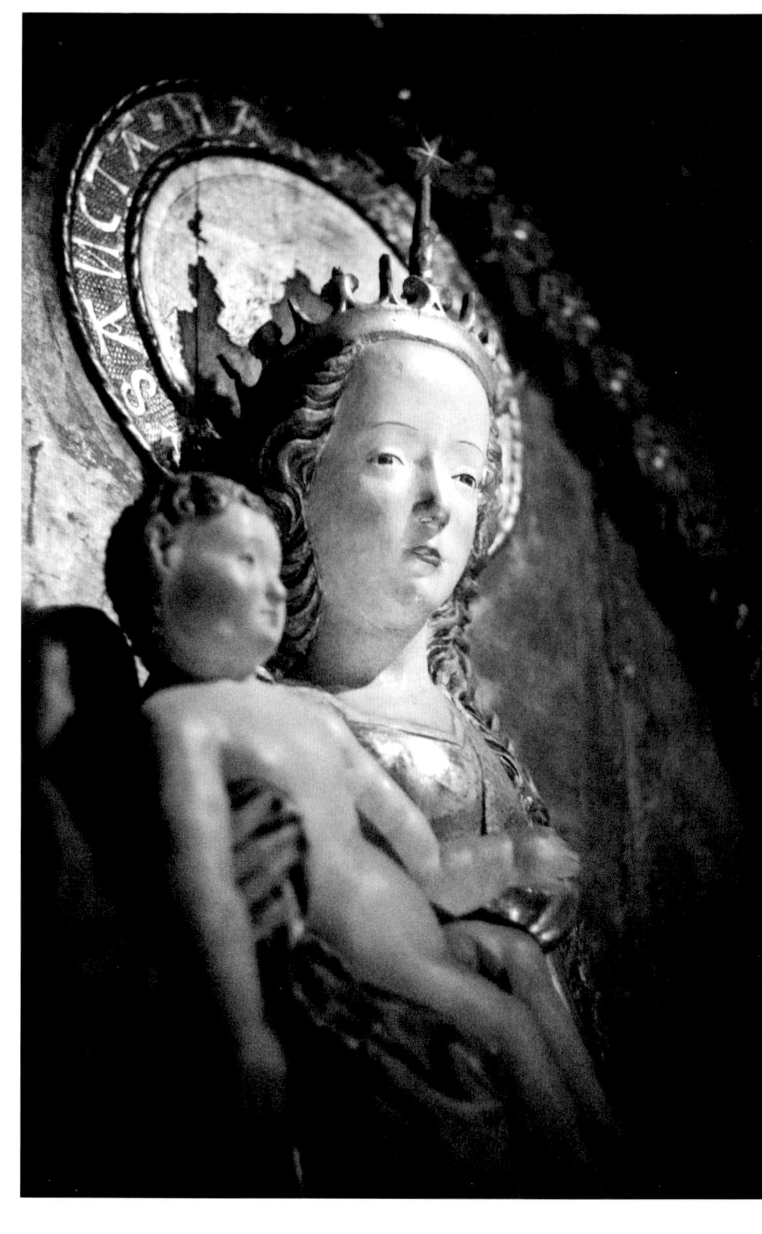

"Most unfortunately in the lives of the Marionettes there is always a BUT that spoils everything."
Carlo Collodi - The Adventures of Pinocchio

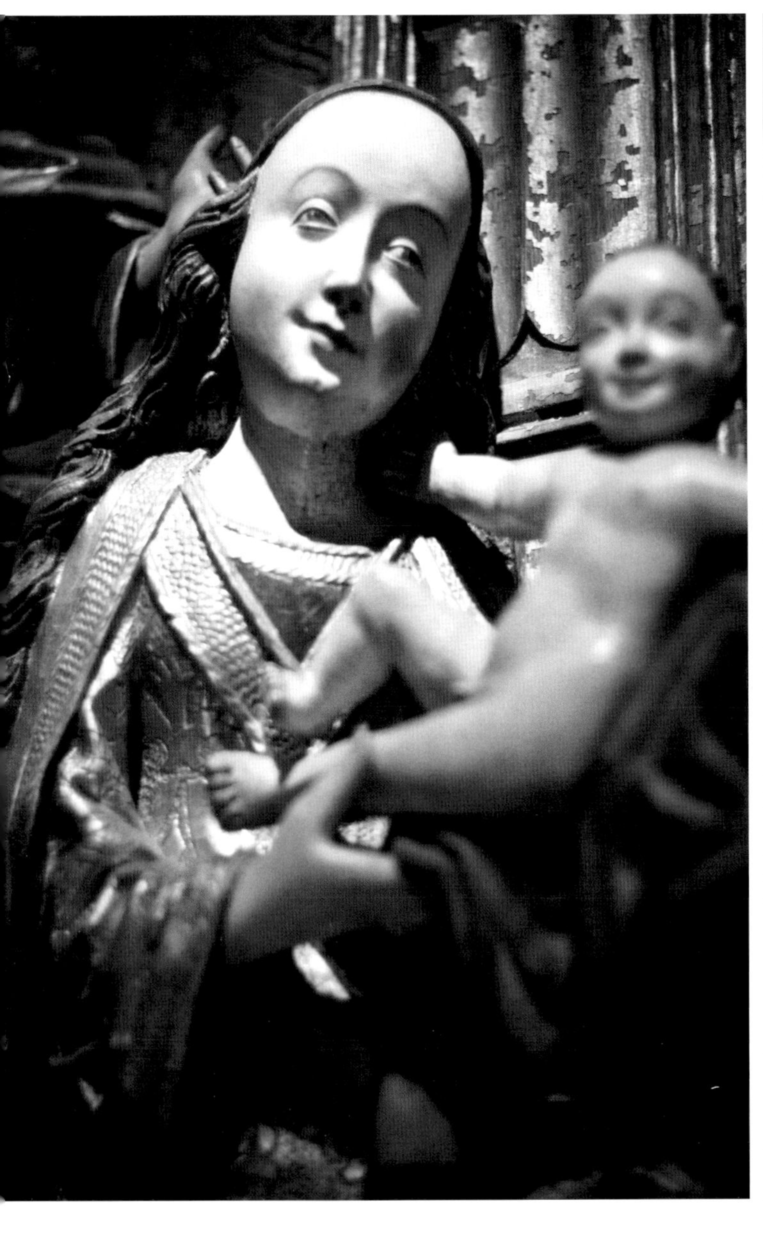
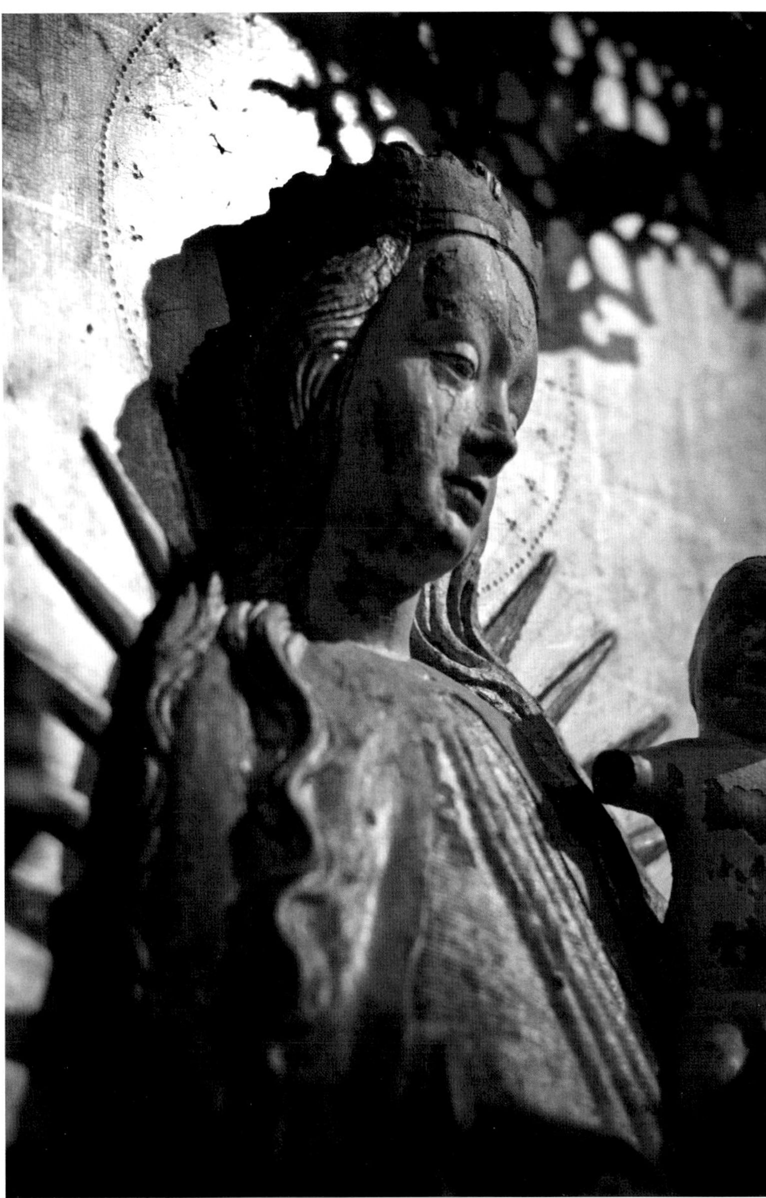

"Persona" comes from *per-sona* (for-sound), referring to the mask through which the actor projected his voice as if it were a megaphone; or it may come from the Greek *prosopon*, the face "before one's eyes." In either case, in modern times (although the anthropologist Marcel Mauss has found analogous elements in primitive societies) it has come to take on an abstract social role. There are the grammatical "persons" and in Italian, corporations are known as "juridic persons." There is also the notion that each of us *impersonates* our roles in life, playing the part of the Father, the Friend, the Doctor, and so forth. As Pirandello put it, therefore, everyone we know is wearing a "naked mask," afraid to "lose face," careful to "be himself." Not only does theatre represent life, but conversely, "all the world is a stage." Of this, Bergman is very much aware.

Persona è la maschera teatrale che per-sona, attraverso cui cioè risuona la voce come fosse un megafono: o forse è legata al prosopon la faccia "davanti agli occhi" del mondo greco. Certo è diventata nel mondo moderno (ma un antropologo come Marcel Mauss ha ritrovato elementi analoghi anche nelle società primitive) soprattutto un ruolo sociale astratto. In inglese, con la stessa etimologia, si distingue l'essere umano ("person") e il ruolo astratto ("persone"). Nelle lingue neolatine come l'italiano, vi sono le persone grammaticali dei verbi, le persone giuridiche delle società (un uso linguistico che non si ritrova in inglese), vi è l'idea che ciascuno nella vita impersonifichi dei ruoli, insomma rappresenti la parte del padre, dell'amico, del medico che è. Come dice Pirandello, dunque, ogni persona che noi conosciamo è una "maschera nuda", timorosa di "perdere la faccia", attenta a "essere se stesso". Non solo il teatro rappresenta la vita, ma vale anche l'inverso, la vita è un teatro. E Bergman lo sa benissimo.

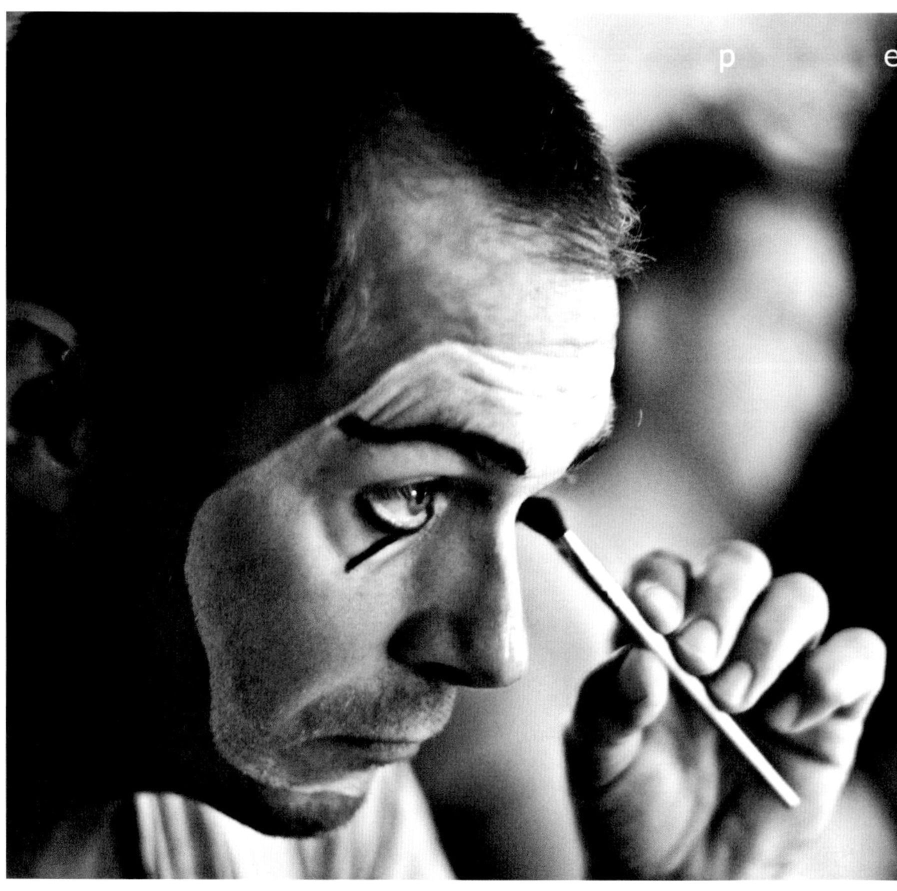

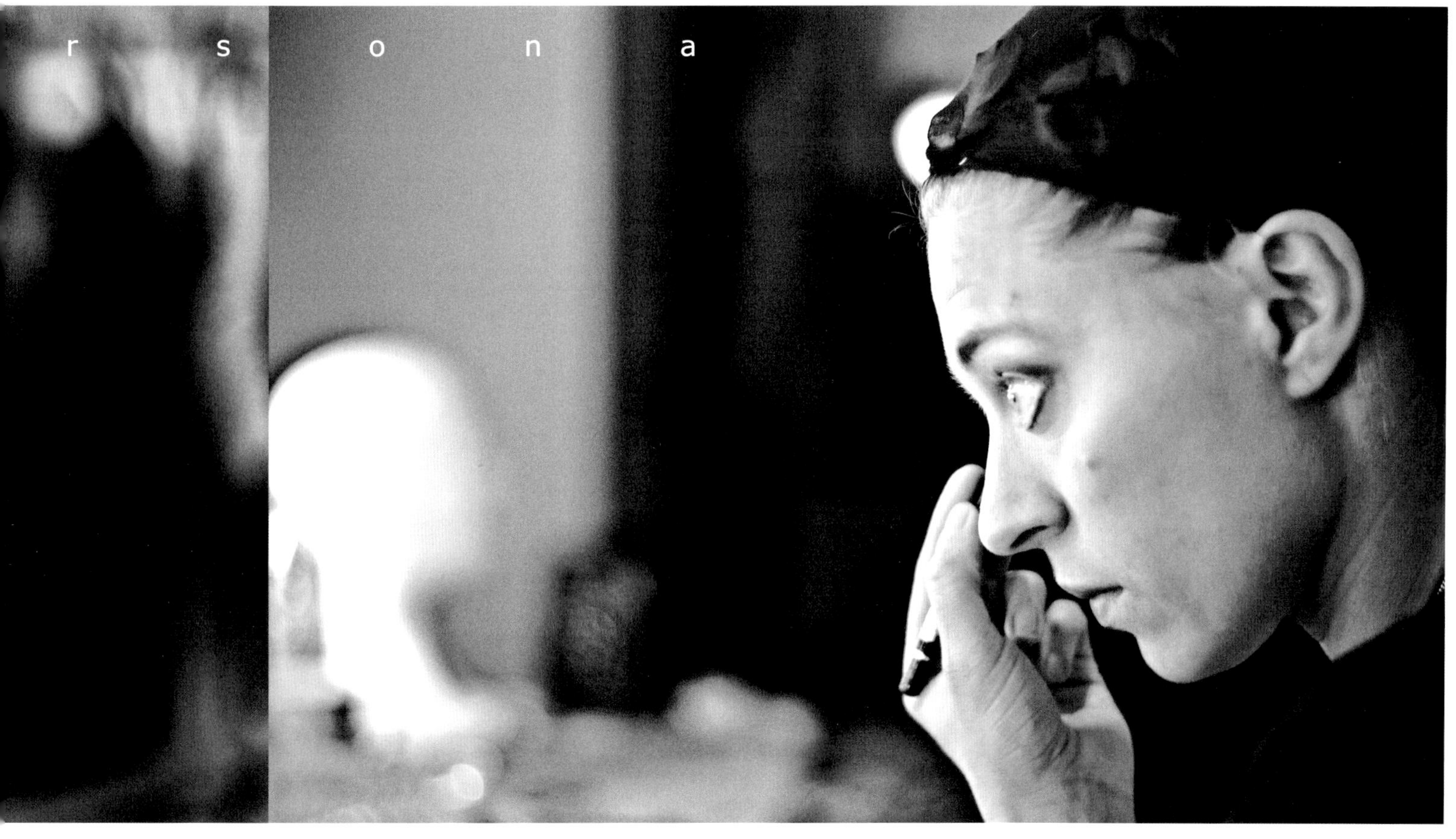
r s o n a

Wherever we find the pleasure of healing, there is also the danger of death. This seems to be the implicit moral of the etymology of words that refer to medicines and cures. Thus did the Latin term *venenum*, adopted by many neo-Latin languages, originally mean a powerful potion which could change the fate of on whomever it was used. Likewise the Greek word *pharmakon*, means both remedy and lethal substance. The French and English word *poison*, coming from the Latin *potare*, to drink, also the root of "potable" water and "potion." The same ambivalence can be applied to the realm of feelings and passions. Love can be sweet or bitter; passion can burn destructively. It's always a poison, but sometimes can also be a healing balm for our lives.

Dove è il piacere e la guarigione, lì è anche il pericolo e la morte. Questa sembra la morale dell'etimologia delle parole che indicano medicamenti e cure. Così il latino *venenum*, trasferitosi in molte lingue neolatine, che in origine significava un filtro potente capace di cambiare la sorte di ciò cui si applicava; così il *pharmakon* greco, allo stesso tempo rimedio e mezzo mortale. Così infine anche per la parola inglese e francese per veleno, *poison*, che viene dal latino *potare*, bere, da cui anche l'acqua potabile e la pozione. Questa ambivalenza si applica per eccellenza al campo del sentimento e della passione. L'amore può essere dolce o amaro come una passione, può bruciare e distruggere, è sempre un veleno e qualche volta anche un rimedio per la vita

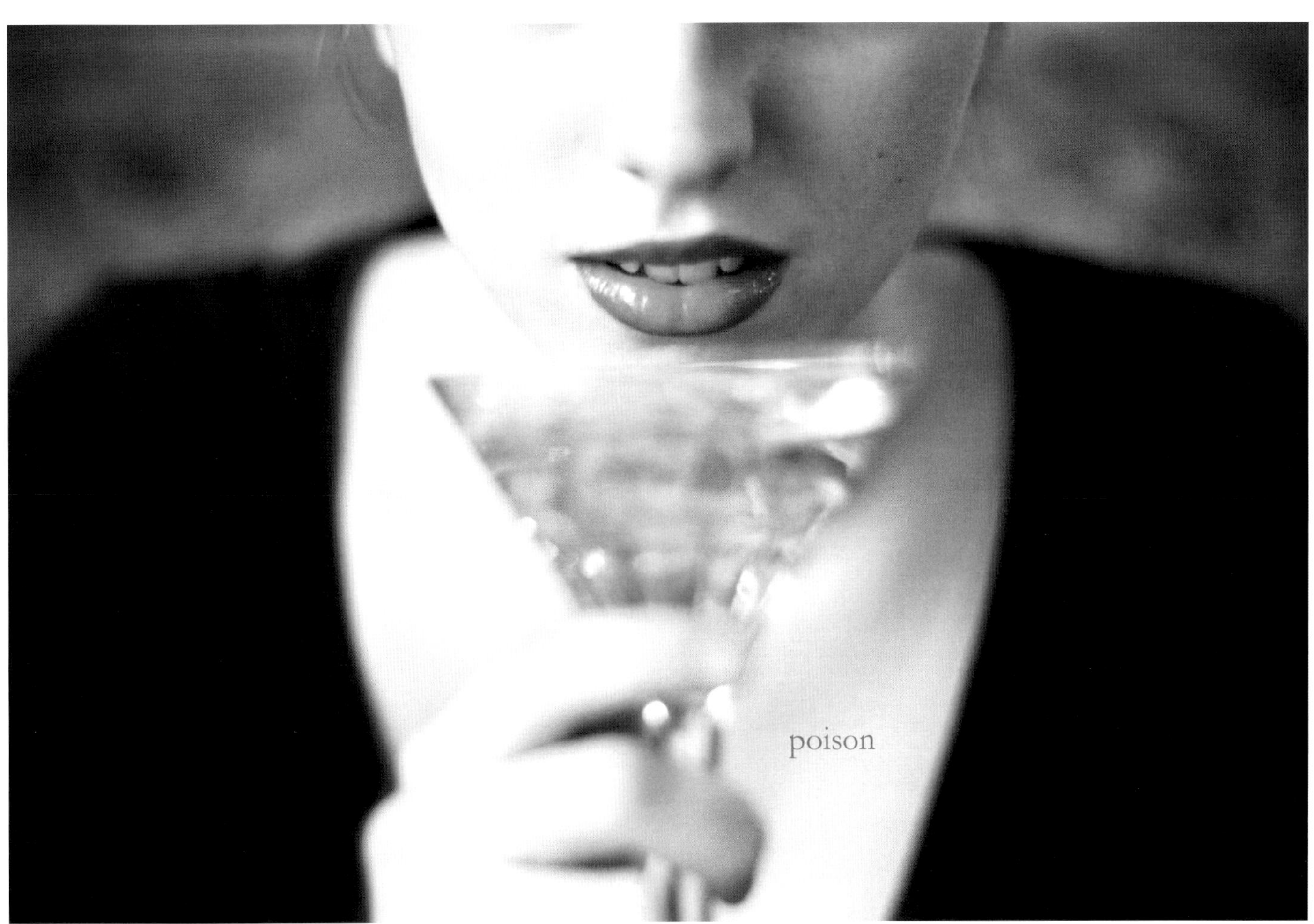
poison

There is an inherent paradox in prayer, or perhaps there are many, for anyone who believes in a good, omnipotent and omniscient God. Why pray for something that God already knows we desire? And if we pray for something that is good, shouldn't we have already received it? And if it is not good, why ask for it? There have been many theological studies on the meaning of prayer, which naturally is not merely a means of petition. Prayer can also be witness, benediction, gratitude, self development, and other things. But the English word *pray* and the Italian *pregare* and their respective words in other European languages all come from the Latin word *prex* that means request, and not only religious request, as in the case of the Sanskrit *prcchati*: the attitude one would have in the presence of a powerful person, someone from whom one hopes to obtain something. It is also a physical posturing, which connects us to primitive forms of communication among animals: arms stretched out, or clasped hands, the body bending downwards. Undoubtedly, the origin of prayer lies in submission to hierarchy and in the humility of expressed petition. It remains to be seen if for each of us there are other petitionary behaviors and attitudes that are more edifying and generous and do not humiliate either those who give or those who ask.

C'è un paradosso della preghiera, o forse molti, per chiunque creda in un Dio buono, onnipotente, onnisciente. Perché pregare per qualcosa che Dio sa già che desideriamo? E se questo qualcosa è buono, perché non dovrebbe essere già stato dato? E se non è buono, perché chiederlo? Ci sono molte ricerche teologiche sul senso della preghiera, che naturalmente non è solo richiesta. Può essere testimonianza, benedizione, riconoscenza, esercizio interiore e molto altro. E però la parola inglese *pray* e l'italiano *pregare* coi loro omologhi nelle altre lingue europee, vengono tutti dal latino *prex* che ha valore di richiesta, anche non religiosa, come il sanscrito *prcchati*: è l'atteggiamento davanti a un potente, da cui si vuole ottenere qualcosa. Un atteggiamento anche fisico, che ci mette in relazione ad antichissimi modi di comunicazione animale: le braccia tese, o le mani giunte, il corpo inclinato verso il basso. Che l'origine della preghiera stia nella sottomissione gerarchica e nell'umiltà della richiesta è certamente vero. Si tratta di vedere se vi sono, per ciascuno, modi ulteriori e atteggiamenti più ricchi e generosi, che non umilino chi deve dare oltre chi chiede.

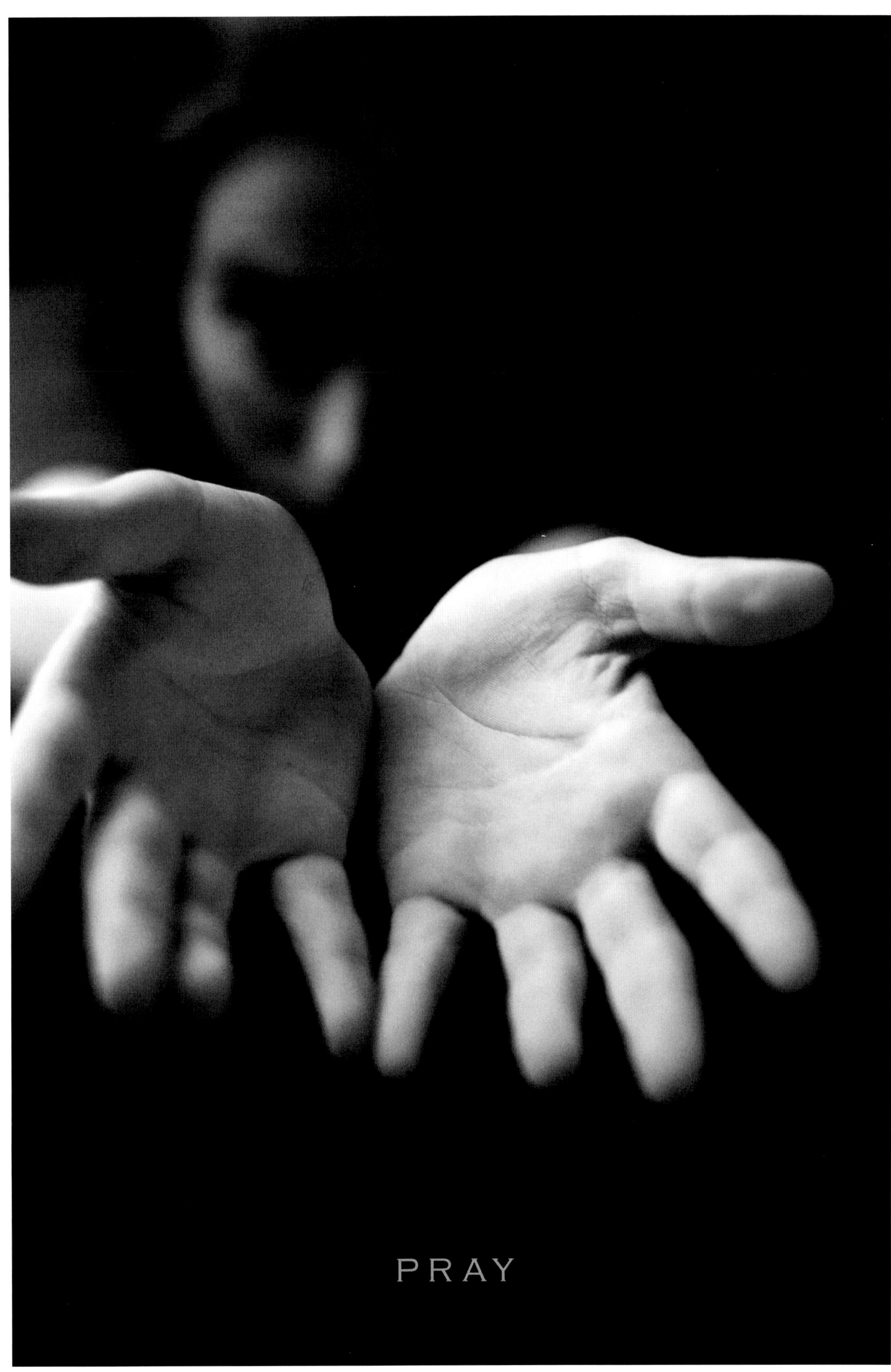

PRAY

And I think I'm swedish because I like to live here on this island.
You can't imagine the loneliness and isolation in this country.
Ingmar Bergman

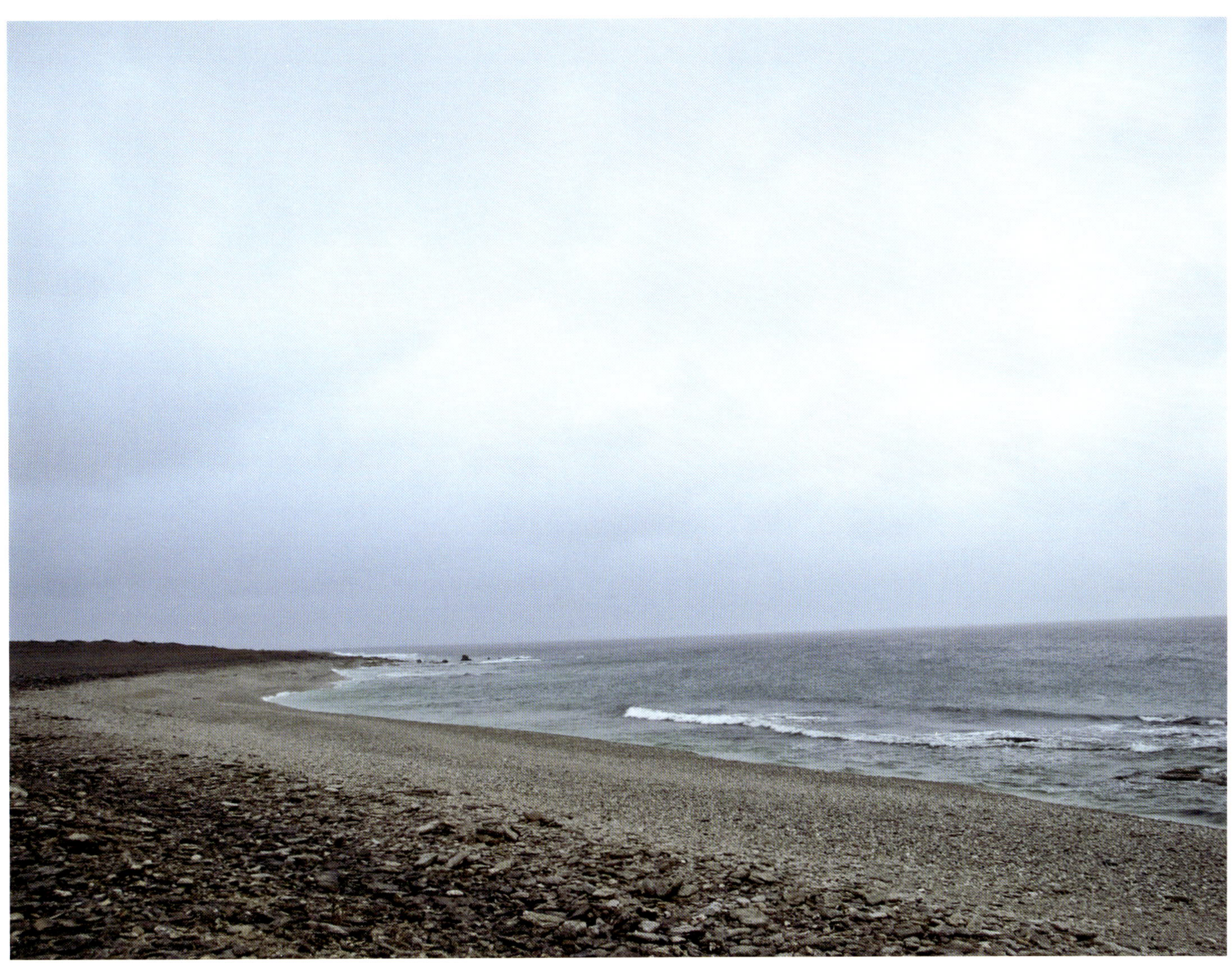

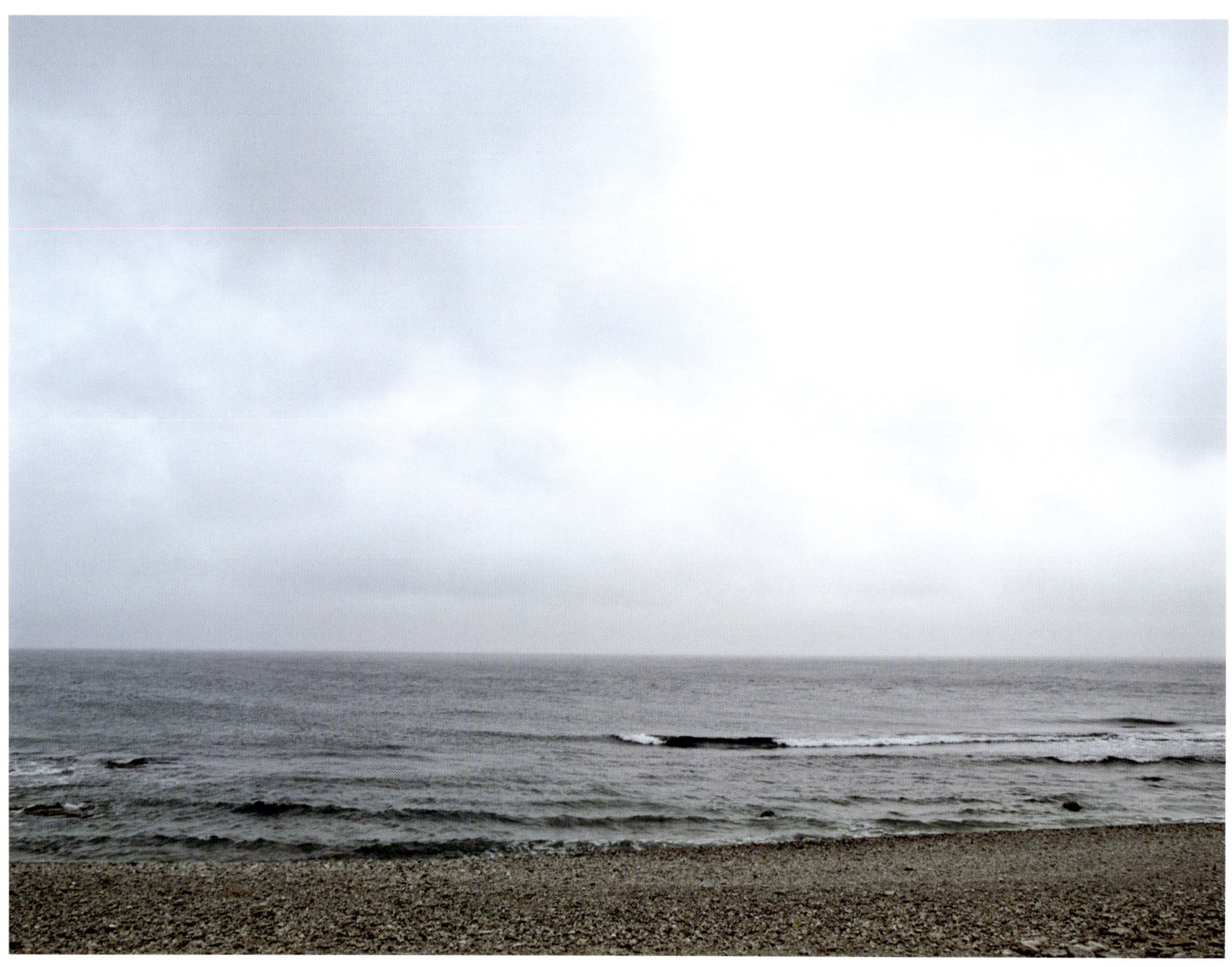

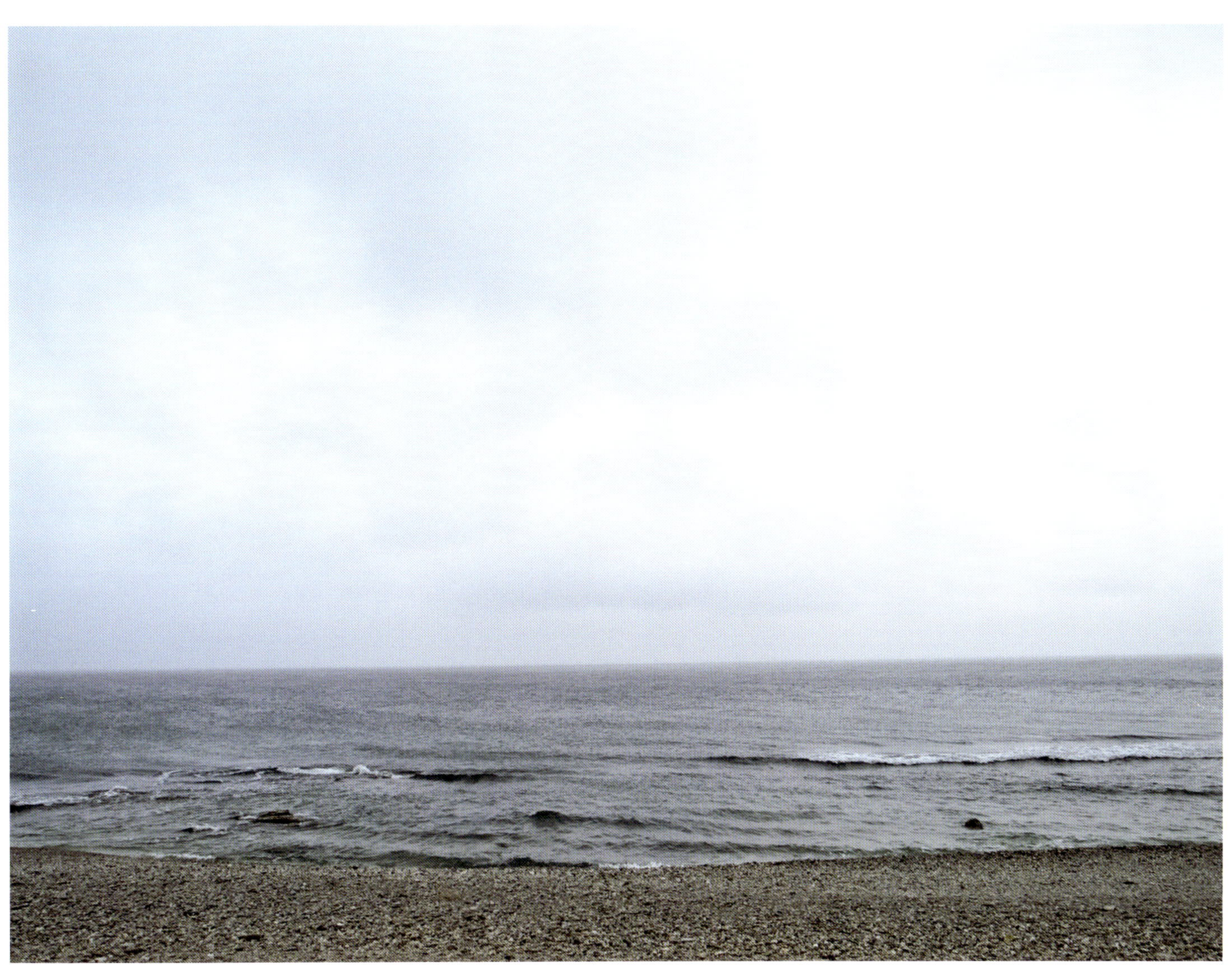

According to etymology, the meaning of regret is *to cry or a repeated moan*. "Re-" is the prefix that indicated repetition or continuity (as in "request" and "return"). The Germanic root *greutanan*, which means moan or cry, relates to that which in the neo-Latin languages becomes *grida* (shout) or similar words. Regret is part of the rich variety of negative sentiment that populates Bergman's characters, especially those of his family groups. Longing for a future that might have been, but never was, is more than nostalgia. Regret points towards a non-being, it denies present experience while favoring a ghost of the past. It is easy to label this from the outside as destructive passion. But being possessed by it, obsessively clutching onto an opportunity that wasn't seized and is now lost, is a dream that wasn't experienced, the sign of sadness that gets misread as something profound.

Un grido o un gemito ripetuto, questo è il rimpianto per l'etimologia. "Re" è il prefisso che indica ripetizione o continuità (come richiedere, ritornare). Il rimpianto fa parte della folta schiera dei sentimenti negativi che animano i personaggi di Bergman, soprattutto quelli dei suoi gruppi familiari. Desiderio di un futuro che (forse) poteva essere e non è stato, ancor più della nostalgia punta verso il non essere, nega la vita presente in favore di un fantasma trascorso. È facile dire dal di fuori che si tratta di una passione distruttiva. Ma esserne posseduti, restare attaccati a una possibilità non colta e ormai trascorsa è un sogno non vissuto come tale, il marchio di una tristezza che si scambia per profondità.

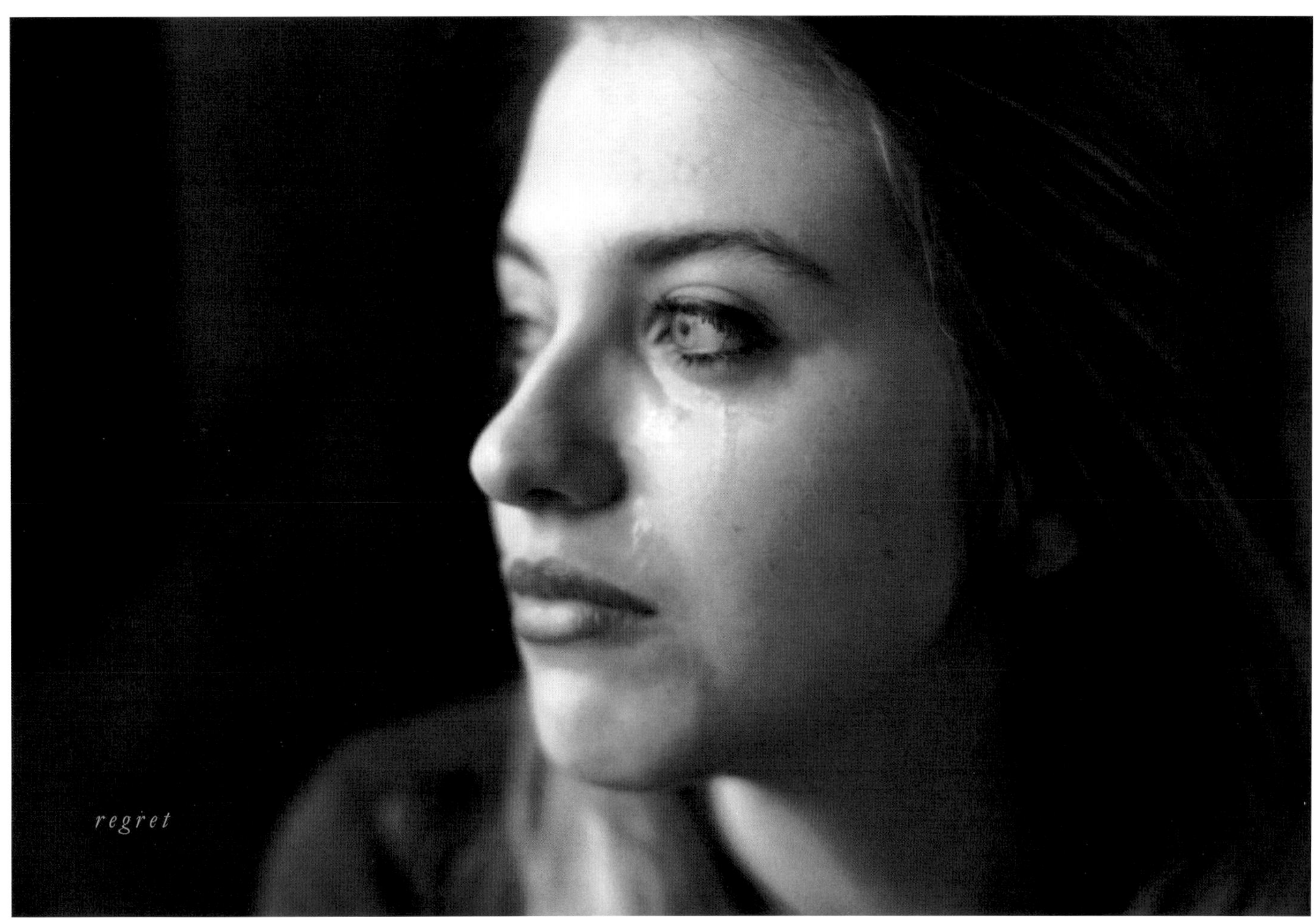
regret

Neither the word *religion* nor our conception of it as a faith-based part of our existence is as universal as we tend to think. The Greek and Roman world, like any polytheistic society, preferred the term *cult*, meaning an activity. The Latin term *religio* may be derived, by virtue of the intensive prefix *re-*, from a word referring to the condition of being separate (*relego*) or to the collection of religious formulae (linking with the root word *legere* – to read – from which comes the word *lex*). But the most likely hypothesis is that the word *religion* relates instead to a state of being linked or bound (*ligo*). Religion is, therefore, a link, a bond: between human beings and the Divine; among humankind; and between individuals, holding them to the duties required by their faith. The fact remains that while religion is a condition imposed on the individual by society, it also involves him directly. It is defined from the start by two aspects: that of a public system of worship and the private workings of the individual conscience, without necessarily investing in the secular spheres of existence. The Nordic religion of Bergman is severe and profound. It carries with it a sense of disquietude and anguished feelings of guilt. Fulfillment of duties will not suffice to be liberated from this condition. Grace alone can assure salvation, but Grace remains inexplicable and never certain.

La parola religione e anche il suo concetto come quella parte separata dell'esistenza che ha a che fare con la fede, non sono universali come crediamo. Il mondo greco e latino preferivano, come tutti i politeismi, piuttosto parlare di "culto", un'attività. Il latino *religio* potrebbe riferirsi, col prefisso intensivo *re-*, alla condizione di essere separati (*relego*) o alla raccolta delle formule religiose (il legame sarebbe con *legere* da cui *lex*. Ma l'ipotesi più probabile è che la parola *religione* abbia a che fare invece con la condizione di essere legati (*ligo*). Religione è allora un legame, un vincolo: degli esseri umani con la divinità, degli uomini fra loro, di ciascuno con i doveri che la fede impone. Resta il fatto che la religione è una condizione imposta dalla società, ma riguardante l'individuo, che si lascia rinchiudere fin dall'inizio in due aspetti, il culto pubblico e il privato lavoro della coscienza, senza investire necessariamente le sfere "laiche" dell'esistenza. La religione nordica di Bergman è severa e profonda, comporta un'inquietudine e un angoscioso senso di colpa. Il compimento del dovere non basta a uscire da questa condizione. Solo la grazia potrebbe assicurare la salvezza, ma essa è inesplicabile e mai certa.

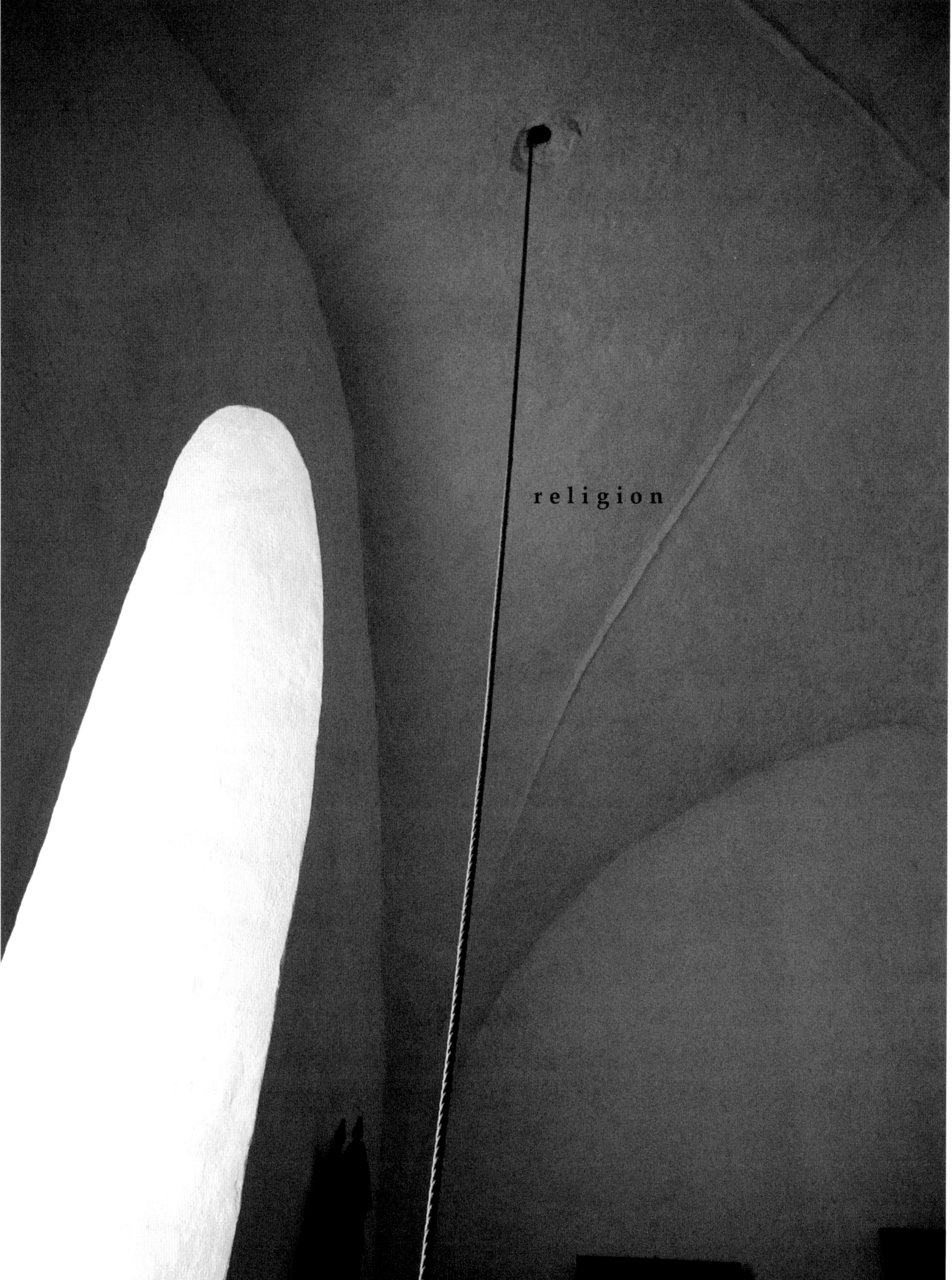
religion

"I asked my mother what the word religious meant...from an old word that meant to bind, to tie.
Religious people feel bound to their ideas," she said.
Chaim Potok - Davita's Harp

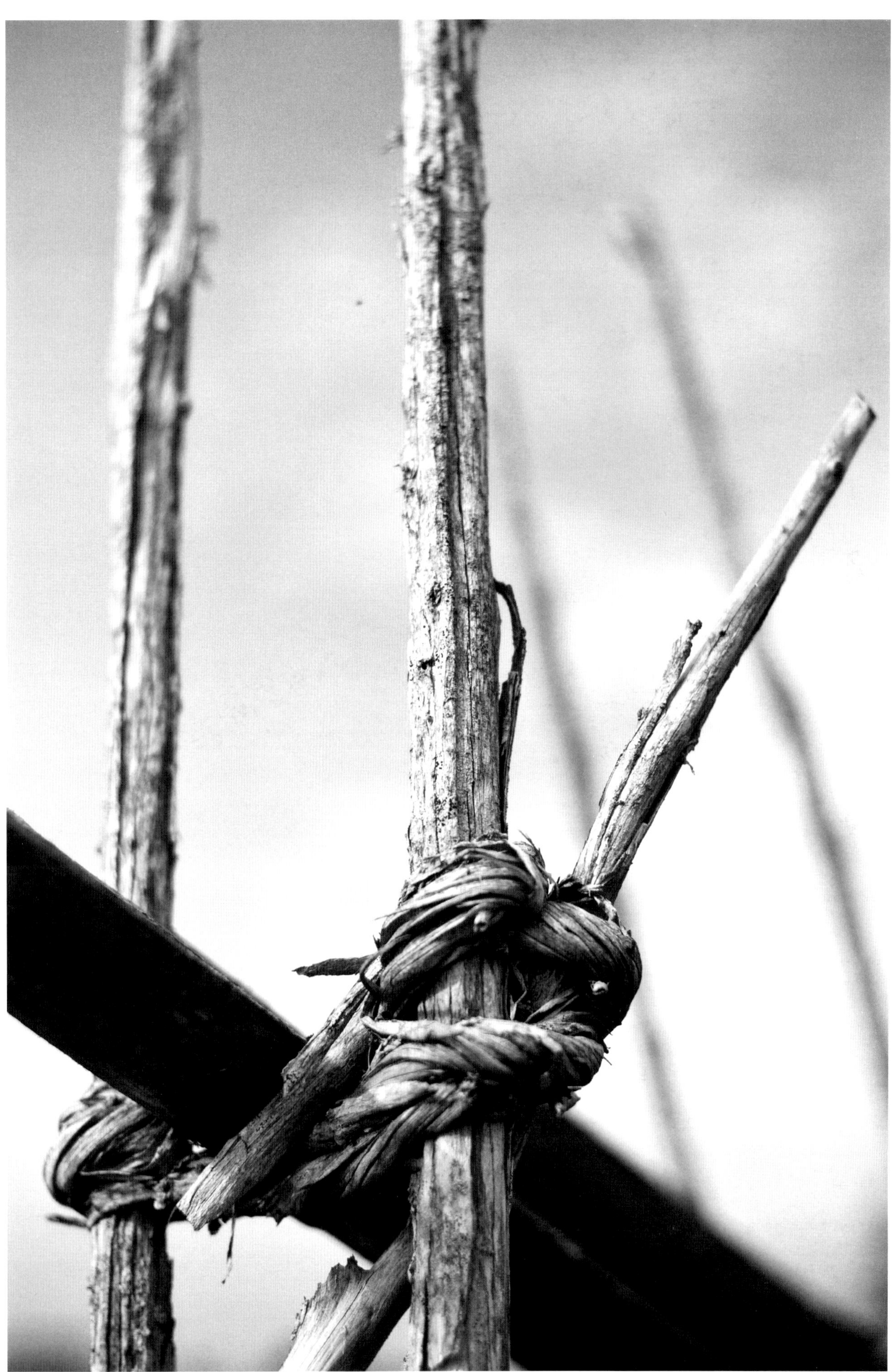

The sky is serene when there are no clouds nor threats of a storm. Sovereigns are serene when they shine of their own light, unobstructed by the clouds of impotence or anger. Originally the word was related to the Greek word *seir*, sun, and *seiros*, shining and to the Sanskrit word for sun, *svar*. How from the burning splendour of the sun the meaning of the word spread to describe the blue sky and then the peaceful and relaxed state of mind are part of the unexpected turns that language takes. For us, serenity is most certainly not a political or astronomical ideal, but rather a personal and inner ideal.

Sereno è il cielo, quando è sgombero di nubi e non minaccia tempesta. Sereni sono i sovrani che brillano di luce propria, non offuscata dalle nubi dell'impotenza o dell'ira. All'origine il vocabolo è imparentato col greco *seir*, sole, e *seiros*, splendente e col sanscrito *svar*, sole. Come dallo splendore bruciante del sole la parola si sia diffusa all'azzurro del cielo e allo stato d'animo pacifico e rilassato che le corrisponde, fa parte dei capricci e delle svolte della lingua. Per noi certamente la serenità è un ideale, ma non politico o astronomico, piuttosto personale e interiore.

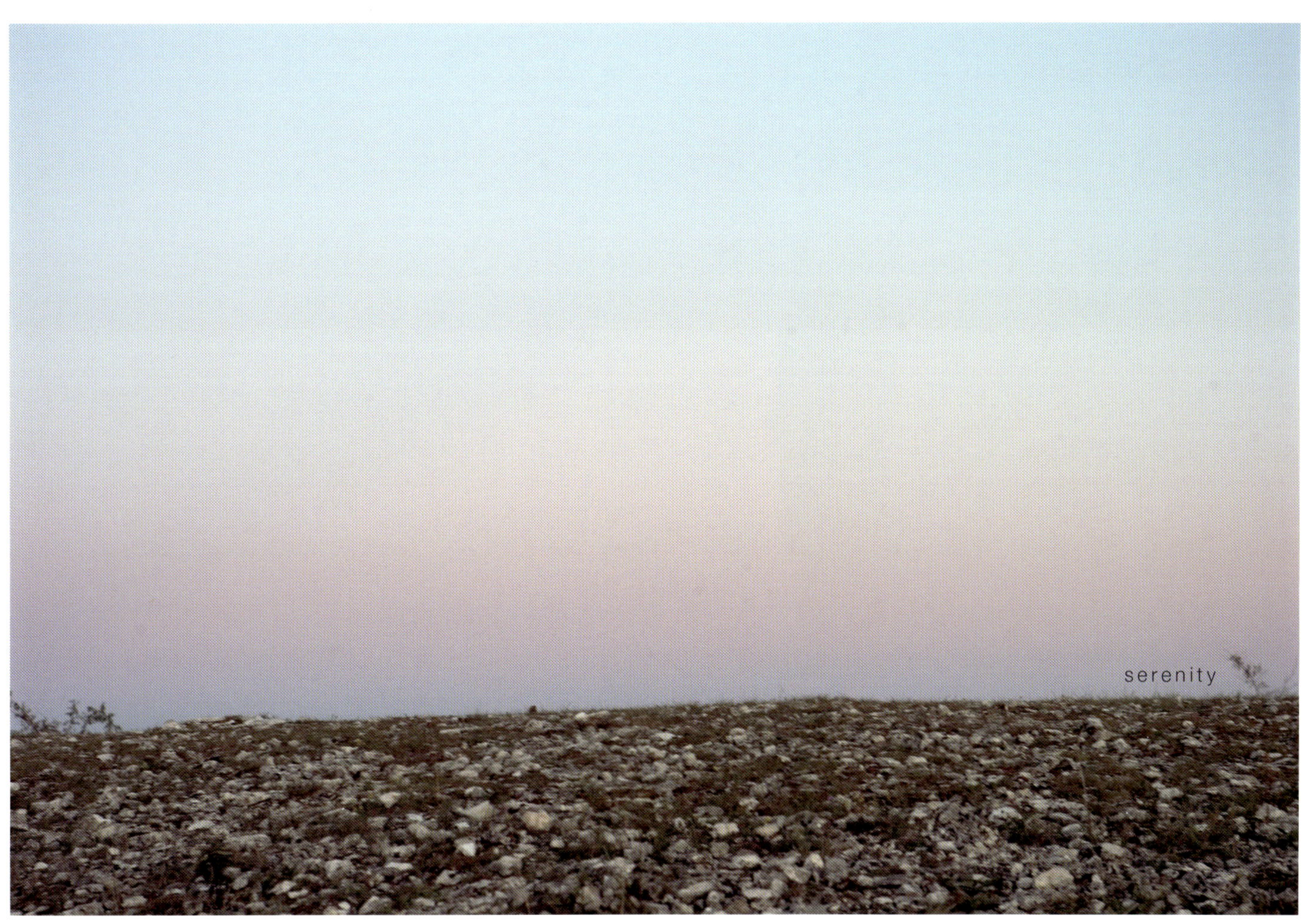
serenity

Feeling guilt and disgrace. It is a Nordic word that can be traced to the Old-English word *sceamu*, the Swedish *skam* and analogous words, in turn perhaps coming from the Germanic word *kem*, meaning to cover oneself. Covering the face with hands, turning one's back to the observer, hiding oneself from view are the first meanings of shame. As is trying to clothe oneself, like Adam and Eve did, according to the Bible, when they realized that they were naked after having eaten the fruit from the tree of good and evil. From this arises the double-faced use in many languages where innocent shame is a sign of modesty and guilty shame indicates remorse.

Sentimento di colpa o disgrazia. È parola nordica, che si ritrova nell'antico inglese *sceamu*, nello svedese *skam* e in parole analoghe, che forse vengono dal germanico *kem* nel senso di coprirsi. Coprirsi la faccia con le mani, dare le spalle a chi guarda, non farsi vedere sono infatti il primo senso della vergogna. O cercare di vestirsi, come fecero Adamo ed Eva, secondo la Bibbia, quando si accorsero di essere nudi, dopo aver mangiato dall'albero del bene e del male. Di qui una doppia implicazione del termine in molte lingue, la vergogna innocente come pudore e quella colpevole come segno di rimorso.

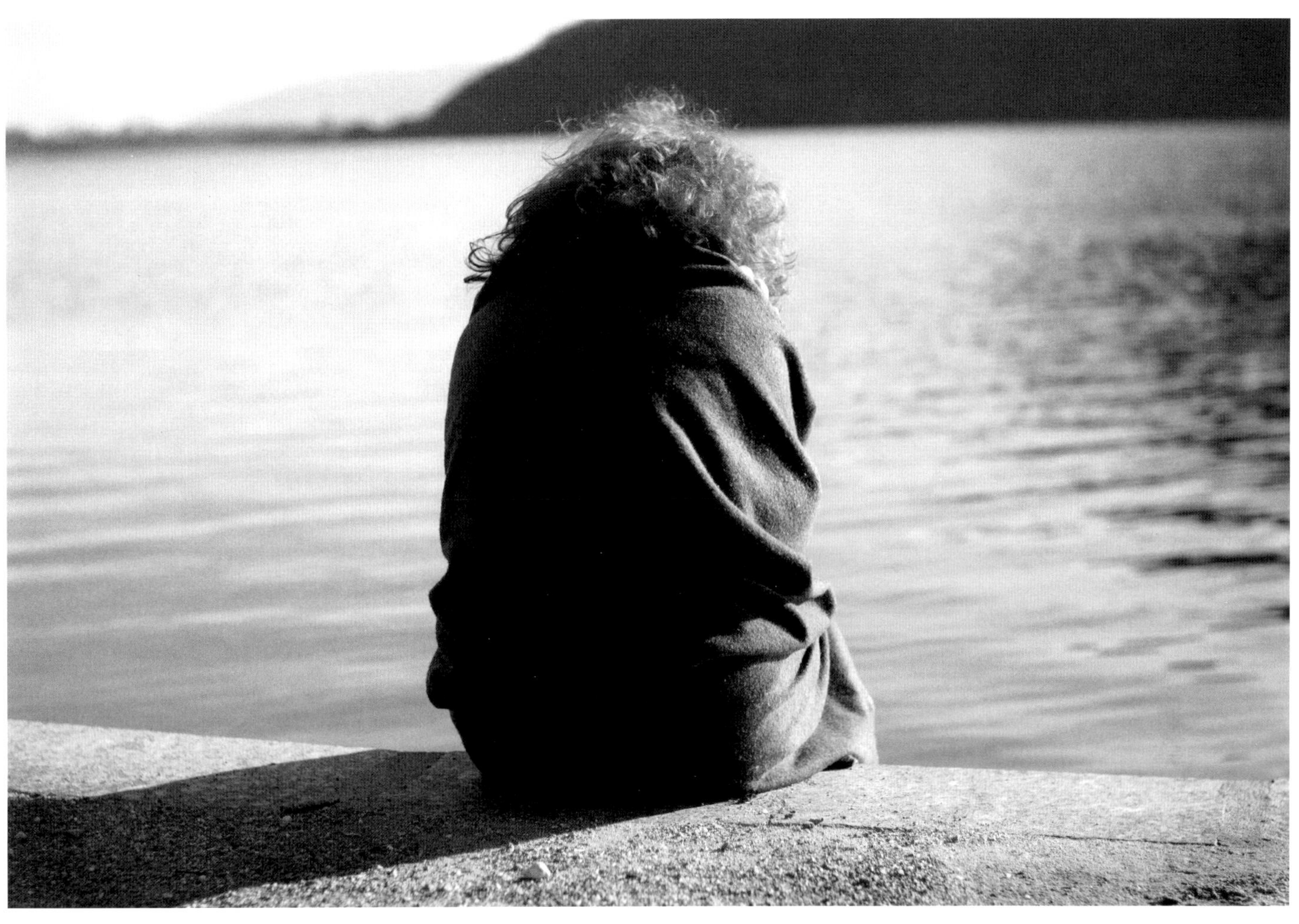

...the problem of light, the gentle, dangerous, dreamlike, living, dead, clear, misty, hot, violent, bare, sudden, dark, springlike, falling, straight, slanting, sensual, subdued, limited, poisonous, calming, pale light. Light
Ingmar Bergman

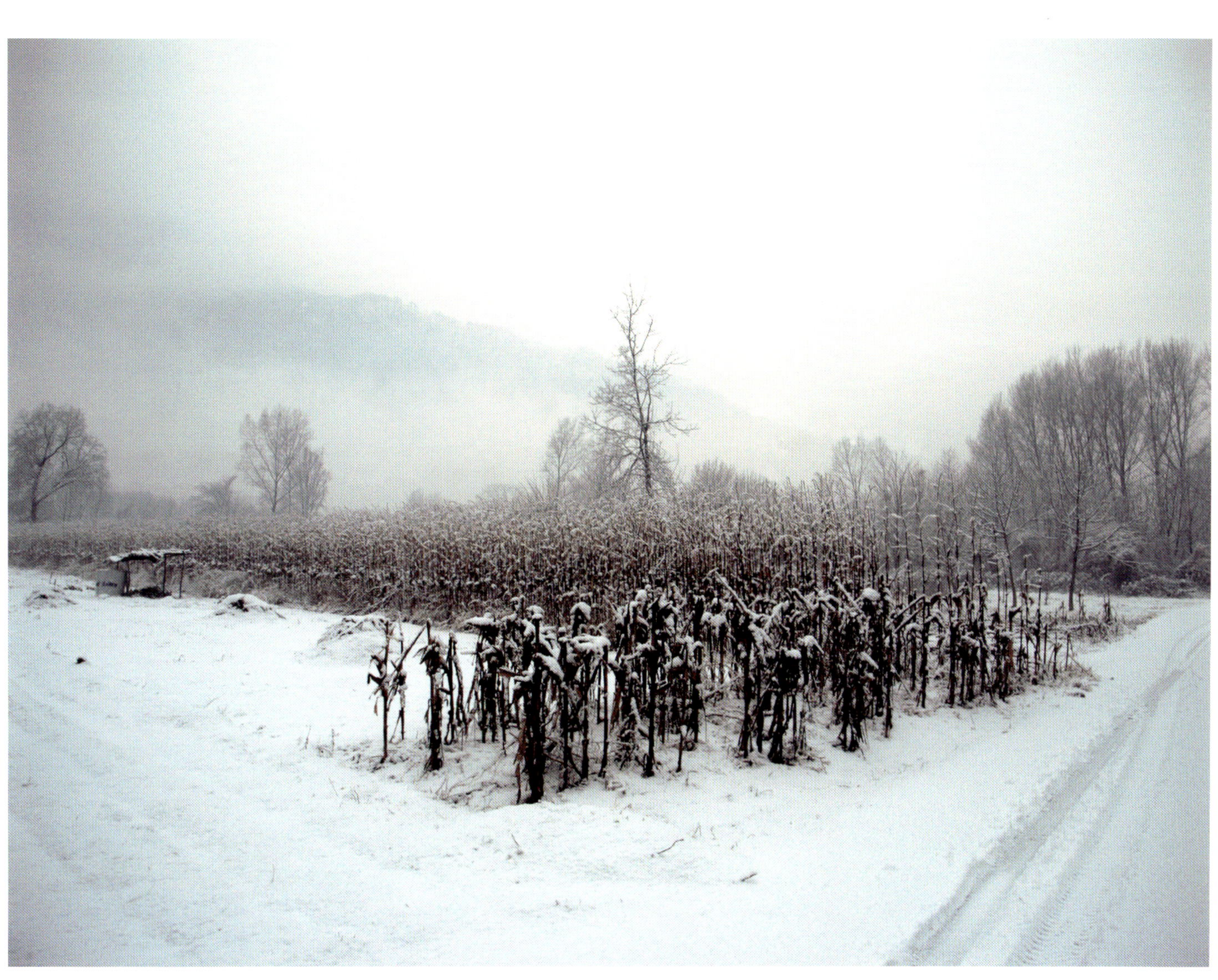

Survive means to live above something else, to add to life, not so much by incrementing quality or value, but by lengthening it. You survive a disaster, a disease, a conflict, an enemy. To survive, to "extend one's days", has long been considered a blessing, at least in the cultures where typically people died relatively young: extending one's days was the equivalent in biblical language to "the coming world " (*olam habbah*), the future, salvation, perhaps future life, certainly the goal of every existence. But in our world where living is not so difficult, survival has become "mere survival", nothing more than "extending one's life", uninteresting and fruitless, lacking prospective.

Sopravvivere o *survive* è vivere sopra, aggiungere qualcosa alla vita, ma non un incremento di qualità o di valore, bensì un allungamento. Si sopravvive *a*: a un disastro, a una malattia, a un conflitto, a un nemico. Sopravvivere, cioè "prolungare i propri giorni, è stato a lungo inteso come una benedizione, almeno nelle società in cui era comune morire giovani: prolungamento dei giorni è nel linguaggio biblico equivalente al "mondo che viene" (*olam habbah*), il futuro, la salvezza, forse la vita futura, certamente l'obiettivo di ogni esistenza. Ma nel nostro mondo in cui vivere non appare così difficile, la sopravvivenza è diventata "mera sopravvivenza", "nient'altro che un prolungamento della vita" poco interessante e fruttuoso, senza prospettive.

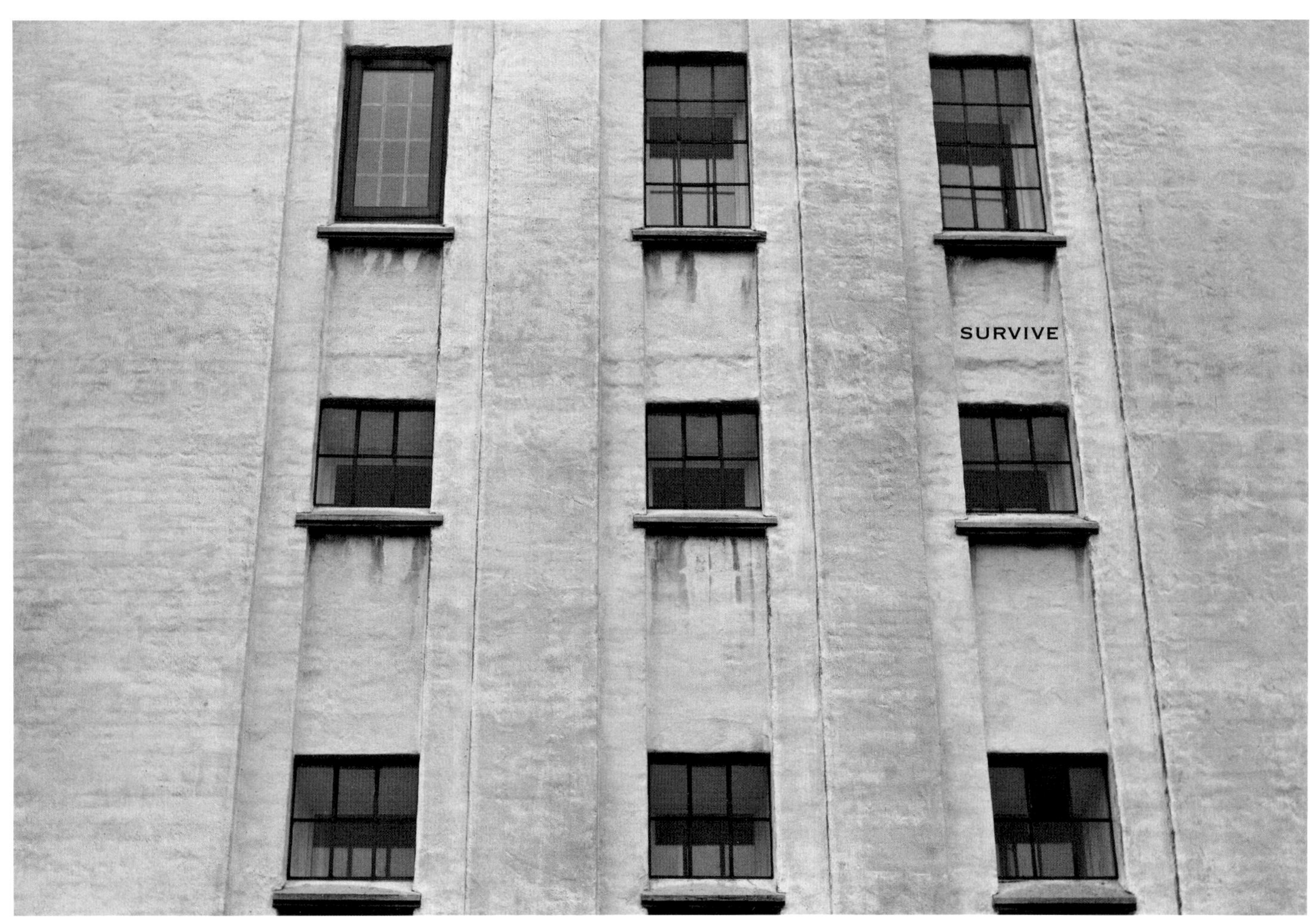
SURVIVE

Torqueo in Latin means "twisted", while the suffix *mentum* is related to mechansims and instruments. So the Latin word *tormentum* referred to machines that were based on the twisting of rope, like many military mechanical devices, for example the catapult. Later the term was used to describe instruments of torture that were based on the same twisting principle and from this derives torture in general, as well as the pain inflicted through *torture*, a word that has the same origin. In modern language, the latter word has retained its material aspect, whereas *torment* has become a moral or spiritual pain, mourning, disappointment, unrequited love, a sense of inadequacy. These all touch the deepest inner self and are often reflected in the gesture of wringing one's hands or "plaguing someone with something." Torment is in fact a reflexive activity, something one does to oneself, as is the Italian verb itself reflexive: more than tormenting someone, we torment ourselves. We twist and wring our souls endlessly, as we search for a non-existent stillness - like the characters in Bergman's films.

Torqueo in latino è "attorciglio", mentre il suffisso *mentum* ha in genere a che fare con apparecchi e gli strumenti, insomma l'uso tecnico degli oggetti. La parola *tormentum* indicava dunque in latino ogni macchina basata sull'attorcigliarsi di una fune, come molti attrezzi militari come le catapulte. In seguito è passato a indicare strumenti di tortura basati sullo stesso principio e di qui ancora il supplizio in generale, il dolore inflitto dalla *tortura*, termine che ha la stessa origine. Nell'italiano moderno quest'ultimo è rimasto concreto, mentre *tormento* è diventato un dolore morale o spirituale, il lutto, la delusione, l'infelicità amorosa, il senso di inadeguatezza. Tutti torcono l'intimo di una persona e spesso si esprimono nel gesto di "torcersi le mani" o di "tormentare qualcosa". Il tormento è infatti un'attività riflessiva, come rivela il verbo che le corrisponde: ancor più che tormentare qualcuno, ci si tormenta, si torce la propria anima senza posa, alla ricerca di una quiete che non c'è - come nei film di Bergman.

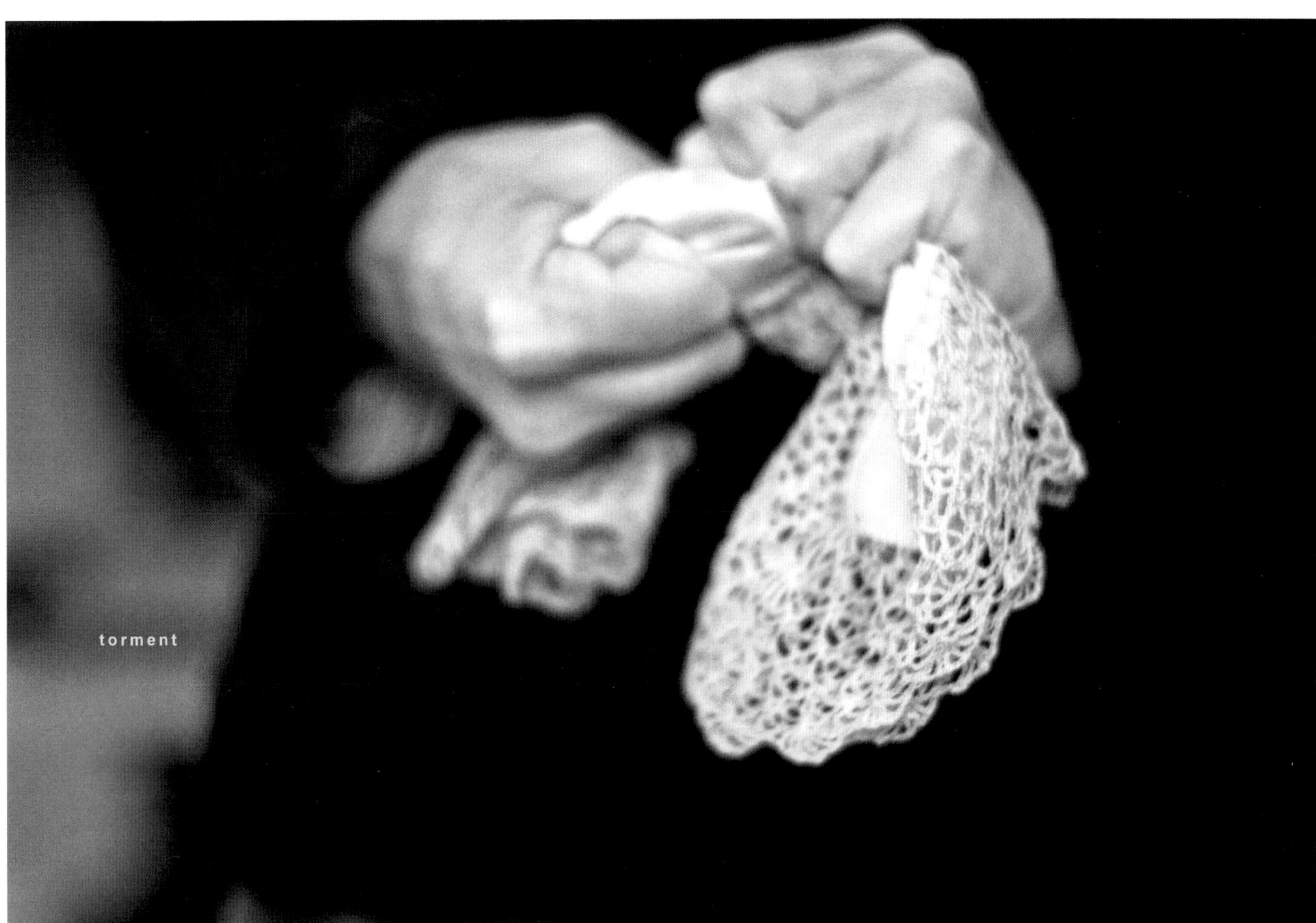

torment

vanity

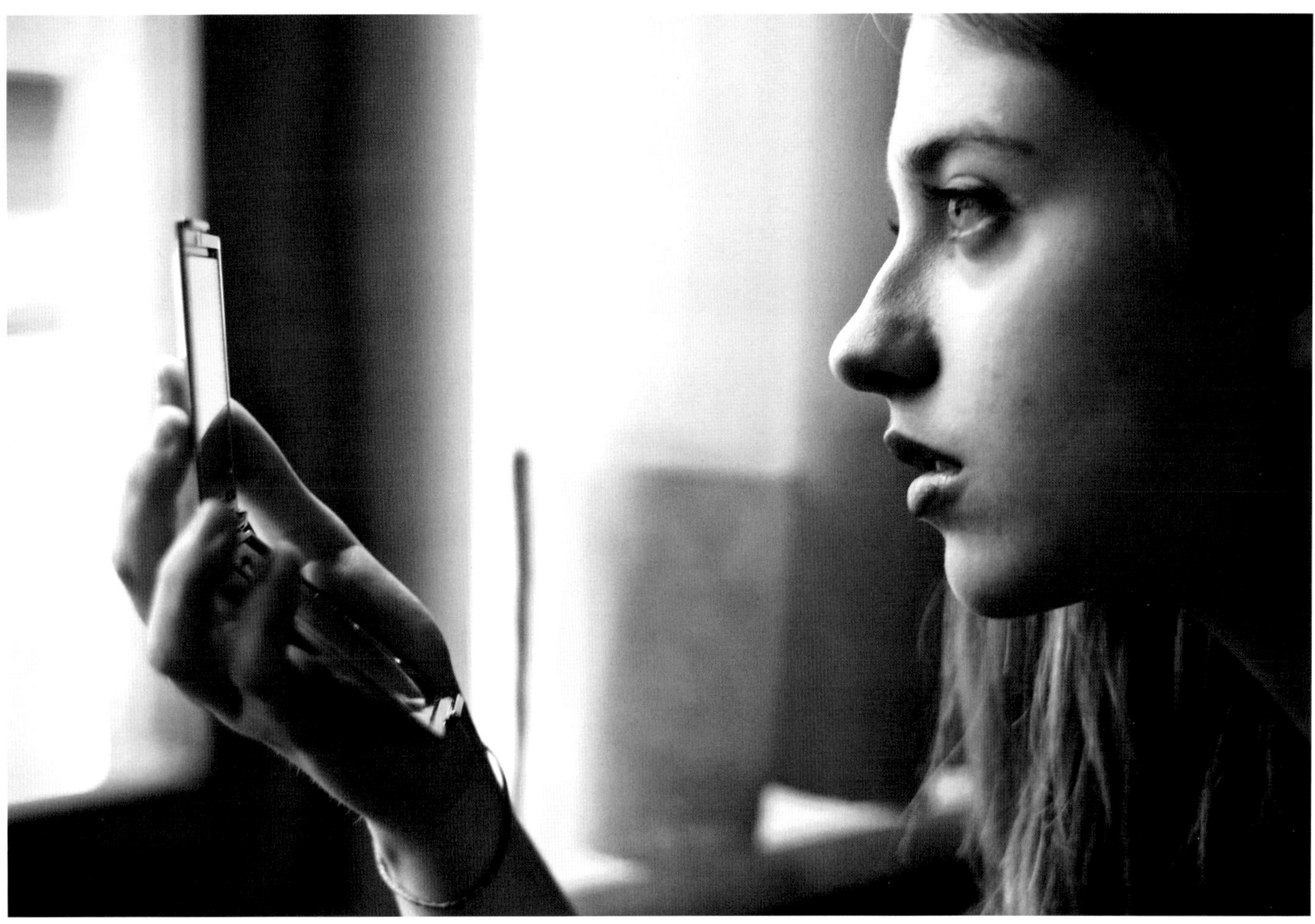

Vanitas vanitatum et omnia vanitas, cites Ecclesiastes in the Latin translation that has affected all corners of Western civilization: vanity of vanities. *Vanus* in Latin is empty, and it appears in many neo-Latin words (*vanity*, in Italian *vano* is a room, and then there is *in vain* etc.). An old prejudice would see some connection between this concept and women ("Vanity, thy name is woman" says Figaro). Vain or empty is the search for beauty, focusing on physical fitness, the pleasure found in appearances: all actions that are labeled as vanity and attributed to women, perhaps so that women would be inhibited in practicing them or forced to hide these practices. But this is a meaning that was added later, not set out by Ecclesiastes who intended to exorcise a much more radical pessimism, according to which everything, absolutely everything, is vanity and vanity is empty, mere smoke, a faint breath.

Vanitas vanitatum et omnia vanitas, dice l'Ecclesiaste nella traduzione latina che ha marcato l'Occidente: tutto nel mondo è vano. Il testo originale ebraico dice *hevel*, cioè soffio, fiato. È la stessa radice che dà il nome del poco vissuto Abele. *Vanus* in latino è vuoto, conservato in molte parole neolatine (*vanità*, ma anche il *vano* in senso di stanza, *invano* ecc.). Che vi sia un legame fra questo concetto e le donne è un vecchio pregiudizio ("Vanità, il tuo nome è donna" dice Figaro). Vana, cioè vuota, sarebbero la ricerca della bellezza, l'attenzione per il proprio corpo, il piacere dell'apparenza: tutte cose chiamate proprio vanità e attribuite alle donne, magari per impedir loro di praticarle o per obbligarle a coprirle. Ma questo è un significato aggiunto, che nell'Ecclesiaste non c'è e forse serve proprio a esorcizzare il suo ben più radicale pessimismo, per cui tutto, ma proprio tutto è vanità e la vanità vuoto, fumo, soffio.

Ingmar Bergman (1918-2007) and images: a lifelong obsession. The director of *The Seventh Seal* (1956) often told how the impetus for his creativity always came from dreamlike musings involving things like memories, the world of childhood, the characters dwelling in his subconscious, his recurrent nightmares or simply a color he was thinking of.

The images conceived in Bergman's imagination gradually took form, eventually evolving into stories for screenplays. While the characters were forming in his mind, he was already thinking about which actors could best portray them. Since he usually cast the same actors for his films that he had used in the theatre, the creative process led to characters invented with specific actors in mind.

Berman's first revolutionary idea was to point the camera directly at the characters' faces. The first example of this can be found in *Summer with Monica* (1953) interpreted by Harriet Andersson. The main character in the film is a mysterious young woman. The final scene, showing a close-up of Monica who, at

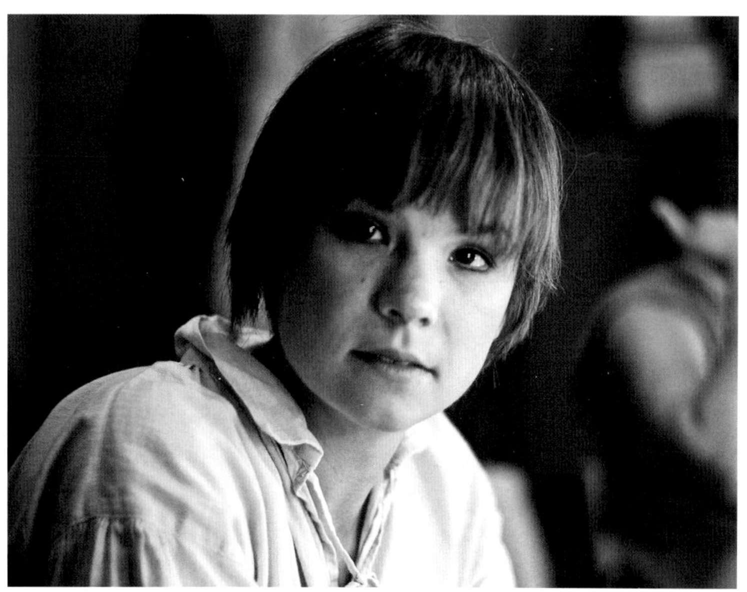

a certain point, looks directly into the camera, serves to protect the character. She is in a bar with her occasional lover, while Harry, her young husband, is away on business. Music is playing from the jukebox. Monica's expression is impenetrable, that of one who feels no guilt. This is why she turns her gaze on the audience as if to keep us from judging her and feel her longing for freedom. It is her face which speaks to us. Jean-Luc Godard, founder of the *nouvelle vague*, expressed admiration for that close-up in a famous essay dedicated to the film Monica and the Desire (*Bergmanorama*, Cahiers du Cinéma, luglio 1958). About that same close-up, Bergman wrote that for the first time in the history of cinema, a direct, shameless contact had been established with the viewer. (*Bilder*, Stockholm 1991). His research into faces culminated in *Persona* (1964), the film with the famous close-up fusing the faces of the two main actresses (Bibi Andersson and Liv Ullmann) into one making it the symbol for the search for identity that runs through the film. "Nykvist and I had originally planned to fix the lights in a conventional manner on Liv and Bibi. But it did not work. So we decided to leave half of their faces in complete darkness ... This was also a natural step to combine, in the final monologue, the half lit faces in a way in which they merge into a single face. "

Using the camera to peer into faces in a way that forces both men and women to free themselves of the social mask they wear, is a constant them throughout all of Berman's work.

The director of *Wild Strawberries* (1957) wrote in 1961, in his introduction to *Four Screenplays by Bergman* (Touchstone Books): «My grandmother had a very large old apartment in Uppsala. I used to sit under the dining-room table there, "listening" to the sunshine which came in through the gigantic windows.

Ingmar Bergman (1918-2007) e le immagini, un'ossessione durata una vita intera. Il regista di *Il settimo sigillo* (1956) ha più volte raccontato che l'attivazione della propria creatività partiva sempre da considerazioni oniriche legate a un ricordo, all'infanzia, a personaggi che facevano irruzione nel suo inconscio, a incubi ricorrenti o semplicemente a un colore.

Le prime immagini racchiuse nell'immaginario bergmaniano prendevano via via una forma più compiuta, fino a tradursi in racconto e sceneggiatura. Mentre i personaggi si modellavano nella sua fantasia, Bergman pensava da subito agli attori che avrebbero potuto interpretarli. Avendo l'abitudine a lavorare per il cinema con gli stessi attori che usava a teatro, il processo creativo dava vita ai personaggi già pensando a chi avrebbe dovuto materializzarli.

La prima rivoluzione compiuta dal cinema di Bergman è stata quella di puntare la cinepresa sui volti dei suoi personaggi. Il primo esempio è *Monica e il desiderio* (1953) interpretato da Harriet Andersson.

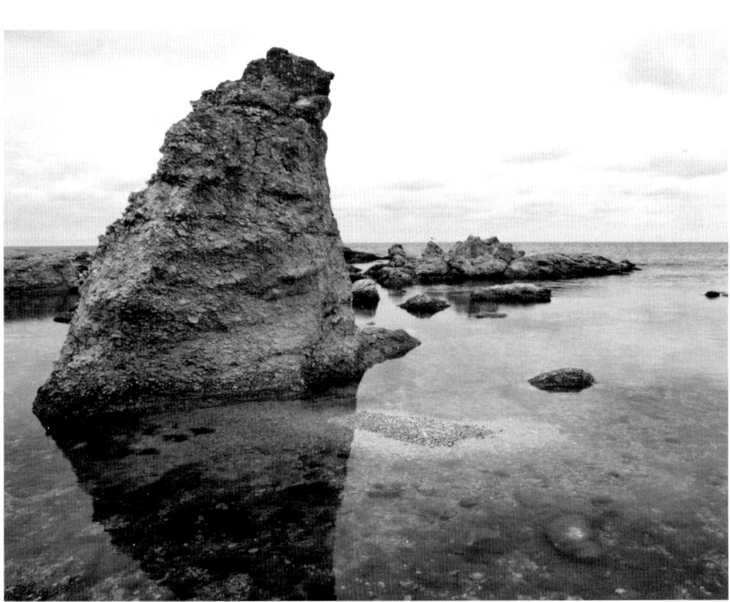

È una giovane donna la protagonista misteriosa del film. L'ultima inquadratura, un primo piano di Monica che a un certo punto guarda fisso in direzione della cinepresa, serve a proteggere il personaggio. Lei è in un bar in compagnia del suo amante occasionale, mentre Harry – il giovane marito – è in viaggio per lavoro. Dal jukebox esce della musica. Monica ha uno sguardo indecifrabile, quello di chi non si sente in colpa. Per questo, lo rivolge verso noi spettatori che guardiamo quasi volesse intimorirci nel giudizio e farci partecipi del desidero di libertà. È il suo volto a parlare. Jean-Luc Godard, capostipite della *nouvelle vague*, ha espresso subito ammirazione per quel primo piano in un celeberrimo saggio dedicato al film *Monica e il desiderio* (*Bergmanorama*, Cahiers du Cinéma, luglio 1958). Su quell'inquadratura ha scritto lo stesso Bergman: «Nel fracasso dello swing, la cinepresa si volta verso Harriet. Così veniva stabilito, all'improvviso e per la prima volta nella storia del cinema, un impudico contatto diretto con lo spettatore» (*Bilder*, Stockholm 1991).

La ricerca sui volti ha il punto culminante in *Persona* (1964), il film in cui un famoso primo piano fonde il volto delle due protagoniste femminili (Bibi Andersson e Liv Ullmann) in un unico viso facendone l'immagine simbolo della ricerca sull'identità che percorre la pellicola. Annota Bergman in *Bilder*: «Nykvist e io avevamo progettato originariamente di sistemare le luci in maniera convenzionale su Liv e Bibi. Ma la cosa non funzionava. Allora decidemmo di lasciare la metà del loro volto nel buio completo… Questo era inoltre un passo naturale a combinare, proprio nella fase finale del monologo, i mezzi volti illuminati in modo che si fondessero in un unico volto».

One day, when winter was giving way to spring and I was five years old, a piano was being played in the next apartment. It played waltzes, nothing but waltzes. On the wall hung a large picture of Venice. As the sunlight moved across the picture the water in the canal began to flow, the pigeons flew up from the square, people talked and gesticulated. Bells sounded, not those of the Uppsala Cathedral but from the picture itself. And even the piano music came from that remarkable picture of Venice».

These images return in *Fanny and Alexander*, when Alexander, sitting under a table, sees the statues in the dining room move. Thus does Bergman himself describe his visionary approach to reality and reveals that it is this representational technique which allows him to organize his imagination; an exercise which he continued to practice his whole life, allowing him to declare that his creativity never waned, not even in his old age.

His research into faces and his use of lighting, another constant in Bergman's cinema which revolutionized filmmaking, was made possible thanks to his collaboration with Sven Nykvist (1922-2006), an extraordinary cinematographer, which began in 1953 (*A Lesson in Love*) and continued until *After the Rehearsal* (1984). With *Winter Lights* (1962) the work of Nykvist and Bergman became more refined. The close-ups scrutinized the actors, while the camera lingered over faces and eyes, revealing every nuance of internalized emotion. Bergman and Nykvist spent entire days inside the church in the Swedish town of Falun where much of *Winter Lights* was filmed during pre-production, studying the way the light that filtered though the windows moved and changed.

The next masterpiece produced by the pair was *Persona*, filmed entirely on the island of Fårö, which was to become Bergman's home in 1967. *Cries and Whispers* and *Fanny and Alexander* were released respectively in 1972 and 1982, with Bergman by now accustomed to the use of color film, earning Nykvist two well-deserved Oscars for cinematography. On hearing of Nykvist's death, Bergman commented, "Sven was an intuitive genius. We saw things and thought about them in the same way. With some degree of solemnity, you could say that we shared a common camera ethic. We were both obsessed with researching light and actors' faces. We understood each other at a glance and needed few words."

A further constant in Bergman's creative work, making him a master of modern multimedia direction, was his fearless use of a variety of means of expression (radio, theatre, television, cinema, literature) combined with an almost maniacal attention to the evolution of modern technology. This led to him filming his last film, *Sarabanda* (2003), digitally in order to explore state-of-the-art photographic and editing technology. Add to this his passion for music: "Film, for me, is especially about rhythm. It is a continuous inhaling and exhaling. Ever since childhood music has been my biggest source of recreation and stimulation and I often feel a movie musically."

But no discussion of Bergman's fantasy world would be complete without mentioning Fårö. The director first visited the island in April of 1960. He was there to make *Through a Glass Darkly*, the film which was to win him his second Oscar in 1962, after having received the award in 1961 for *The Virgin Spring*. He was convinced that the Orkney islands in Scotland would have been the ideal shooting location. But the producers from Svensk film industries, to save money, suggested that he visit the barren Fårö Island: 113 square kilometers in the middle of the Baltic Sea, halfway between Sweden and Russia, autonomous appendix of the island of Gotland. Grudgingly, Bergman boarded the flight and then the ferry, obeying the producers' demands. As soon as he arrived, the island was struck by lightning. In 1967, inaugurating his house/refuge in the village of Hammars, Bergman declared enthusiastically, "I happened on this landscape of Fårö by chance, with its absence of colors, its ruggedness and the extraordinary precision of its dimensions, where one has the feeling of having entered an eternal world of which we are but a tiny particle, like the animals and plants. How it happened, I do not know, but now I believe that my life once again has roots."

Lo scrutare i volti con la cinepresa, come se donne e uomini dovessero liberarsi della maschera sociale che indossano, è una costante di tutta l'opera bergmaniana.

Scrive il regista di *Il posto delle fragole* (1957) nel 1961, nell'introduzione a *4 film di Bergman* (Einaudi): «Mia nonna aveva un vecchio appartamento assai grande, a Uppsala. Avevo l'abitudine di sedermi sotto il tavolo da pranzo, ad ascoltare il sole che penetrava dalle enormi finestre. Avevo cinque anni. Un giorno – l'inverno stava cedendo alla primavera – dall'appartamento accanto si udiva il suono di un pianoforte. Suonava un valzer. A una parete della stanza era appeso un grande quadro di Venezia. Come i raggi del sole avanzarono sul quadro, l'acqua del canale cominciò a scorrere, i piccioni si alzarono in volo dalla piazza, persone gesticolanti scambiavano inaudibili conversazioni; le campane suonavano – non quelle della cattedrale di Uppsala, quelle del quadro. Perfino la musica di pianoforte sembrava provenire da quello straordinario quadro di Venezia». Quelle immagini torneranno in *Fanny e Alexander*, quando quest'ultimo – sotto un tavolo – vede muoversi le statue della sala da pranzo. È perciò lo stesso Bergman a descrivere il proprio approccio visionario alla realtà e a rivelare che grazie alla tecnica della rappresentazione può dare ordine alla sua immaginazione. Un esercizio che continuerà a fare per tutta la vita e che gli permetterà di dire che il dono della creatività non lo ha abbandonato neppure nella vecchiaia.

La ricerca sui volti e la luce, altra costante bergmaniana che rivoluziona il modo di fare cinema, è resa possibile dalla collaborazione con Sven Nykvist (1922-2006), straordinario direttore della fotografia, iniziata nel 1953 (*Una vampata d'amore*) e continuata fino a *Dopo la prova* (1984). È con *Luci d'inverno* (1962) che la ricerca di Nykvist e Bergman si affina. I primi piani scrutano la recitazione degli attori, mentre le inquadrature indugiano sui volti e sugli occhi, svelando ogni minima emozione interiore. In quella chiesa della località svedese di Falun, dove si svolge gran parte di *Luci d'inverno*, Bergman e Nykvist avevano trascorso un giorno intero nelle fasi preparatorie del film per studiare l'andamento della luce che filtrava dalle vetrate.

Il successivo capolavoro di quella collaborazione è *Persona*, interamente girato nell'isola di Fårö che diverrà dal 1967 la residenza di Bergman. Nel 1972 e nel 1982 arriveranno rispettivamente *Sussurri e grida* e *Fanny e Alexander*, con Bergman ormai approdato all'uso della pellicola a colori, che danno a Nykvist due meritati Oscar per la fotografia. Commenterà Bergman quando apprende della morte di Nykvist: «Sven era un genio intuitivo. Vedevamo le stesse cose e pensavamo allo stesso modo. Con una certa solennità, si può dire che avevamo la stessa etica della cinepresa. Entrambi eravamo ossessionati dalla ricerca sulla luce e sul volto degli attori. Ci capivamo con lo sguardo e poche parole».

L'ulteriore costante della creatività bergmaniana, che lo rende un regista dalla modernità multimediale, è l'uso senza timori di mezzi espressivi diversi (radio, teatro, televisione, cinema, letteratura) insieme a una attenzione maniacale per l'evoluzione delle moderne tecnologie, fino al punto di girare in digitale il suo ultimo film *Sarabanda* (2003) per studiare in corso d'opera le nuove tecniche della fotografia e del montaggio. A tutto ciò univa la passione per la musica: «Il film è per me soprattutto ritmo; è una continua inalazione ed esalazione. Fin dall'infanzia la musica è stata la mia grande fonte di ricreazione e di stimolazione, e spesso sento un film musicalmente».

Ma per parlare compiutamente dell'immaginario bergmaniano bisogna fare riferimento a Fårö. Il regista aveva visitato per la prima volta l'isola nell'aprile del 1960. Doveva girare *Come in uno specchio*, il film che gli avrebbe dato il secondo Oscar nel 1962, dopo quello conquistato nel 1961 con *La fontana della vergine*. Era convinto che le isole Orkney in Scozia fossero la migliore *location* per il nuovo film. I produttori della Svensk filmindustri, per risparmiare sul budget, gli consigliarono di visitare la brulla isola di Fårö: 113 chilometri quadrati, collocata nel Mar Baltico, quasi a metà strada tra Svezia e Russia, autonoma appendice dell'isola di Gotland. Lui, di controvoglia, prese aereo e traghetto obbedendo ai finanziatori del film. Una volta arrivato nell'isola fu colpo di fulmine. Nel 1967, quando inaugura la sua casa-rifugio nella località di

In the years that followed, Bergman added other notes to his decision to settle on the island, "I have chosen Fårö for its incessant sound of the wind, the waves and the gulls. The enormity of the sea creates a sense of timelessness, immobility, security. But it also has to do with its proportions and the ancestral nature of the landscape. It isn't very green, there isn't much sand, nor rock, nor cliffs nor even much forest. But there is a little of all of these. And then there's the light. I can spend hours just sitting, looking out the window, watching how the light moves and changes color."

Fårö became for Bergman the place where his creativity could best thrive. From 1967 all his writing projects – from scriptwriting to drafting his directorial notes to composing his memoirs – took form in the studio of the house he had inaugurated there that year. Here he dreamed up or thought out that which the following autumn he would have produced on the stage or movie set. On Fårö – which over time became Bergman's Hollywood – he held the premiere of *The Magic Flute*. Subsequently, he had a small cinema for private screenings built in the town of Dämba, fulfilling a childhood wish of his to have a movie theatre all his own.

Bergman reminded us through his works that there is an intimate territory – made of feelings and sensitivity, of the need for love, of childhood memories, of the search for meaning – where acts may be accomplished solely by the single individual, and each one must act alone. To this he adds a warning that imagination, art and creativity cannot be caged in rigid patterns or forced to adhere to imposed authority. This is why he was one of the first to turn filmmaking into a "seventh art," providing introspection and not merely entertainment, similarly to how Proust was among the first of modern writers to introduce psychological investigation into literature.

Hammars, Bergman dichiara entusiasta: «Capitai per caso in questo paesaggio di Fårö, con la sua assenza di colori, la sua durezza e le sue proporzioni straordinariamente ricercate e precise, dove si ha l'impressione di entrare in un mondo che è eterno, e del quale non siamo che una minuscola particella, come gli animali e le piante. Come sia accaduto non lo so, ma ora credo che la mia vita abbia nuovamente delle radici».

Negli anni successivi, Bergman aggiunge altre annotazioni sulla sua decisione di stabilirsi nell'isola: «Ho scelto Fårö per il suono incessante del vento, delle onde, dei gabbiani. L'enormità del mare crea un senso di assenza di tempo, di immobilità, di sicurezza. Ma si tratta anche delle proporzioni e del carattere ancestrale del paesaggio. Non c'è molto verde, non c'è molta sabbia, né molti scogli, né rupi, e nemmeno molta foresta. Ma c'è qualcosa di tutto questo. E poi la luce. Posso stare seduto per ore semplicemente a guardare fuori dalla finestra, osservando come la luce si sposta e cambia colore».

Fårö diventa per Bergman il luogo ideale che accompagna la propria creatività. Dal 1967 in poi la totalità dei suoi progetti di lavoro – dalle sceneggiature cinematografiche alle regie teatrali fino ai libri di memorie – prendono forma nello studio della casa di Fårö che inaugura in quell'anno. Qui pensava e creava ciò che poi in autunno e inverno realizzava a teatro e sul set di un film. A Fårö – divenuta col tempo la Cinecittà di Bergman – il regista ha voluto la prima di *Il flauto magico*. Dopo quell'evento, si è fatto costruire nella località di Dämba un piccolo cinema per le proiezioni private esaudendo il desiderio che aveva fin da bambino di avere un cinematografo tutto suo.

Bergman ci ricordava in continuazione con le sue opere che c'è un territorio intimo – fatto di sentimenti, sensibilità, bisogno di amore, legami con l'infanzia, interrogativi di senso – dove solo i singoli individui possono agire, e devono farlo da soli. A tutto questo aggiungeva l'ammonimento che immaginazione, arte e creatività non possono essere ingabbiate in nessuno schema o forma di autorità. Ecco perché è stato tra i primi a fare della cinematografia una "settima arte" capace di introspezione e non solo di intrattenimento. Un po' come Marcel Proust è stato tra i primi scrittori moderni a introdurre con metodo indiziario la psicoanalisi nella letteratura.

Aldo Garzia

Jill Mathis is from San Antonio, Texas where she studied photography at the University of Texas in San Antonio and Austin. After living in New York City for five years, four of which were spent as the full-time assistant to Ralph Gibson, she moved to Italy. Jill currently lives in the lake region of Northern Italy with her husband, the sculptor, Valerio Tedeschi. She is now producing an extensive body of work based on etymology. Her work can be found in various collections including:

WHITNEY MUSEUM OF AMERICAN ART; NEW YORK CITY
THE JEWISH MUSEUM; NEW YORK CITY
THE ICP; NEW YORK CITY
THE MUSEUM OF CONTEMPORARY ART ; SAN DIEGO, CALIFORNIA
THE NORTON MUSEUM OF ART; PALM BEACH, FLORIDA
GUILD HALL MUSEUM; SOUTHAMPTON, NEW YORK
THE AMOS CARTER MUSEUM; FORT WORTH, TEXAS
THE BROOKLYN MUSEUM OF ART; NEW YORK CITY
THE BIRMINGHAM MUSEUM OF ART; ALABAMA
THE BUHL FOUNDATION; NEW YORK CITY
UNIVERSITY ART MUSEUM, CAL STATE UNIVERSITY; LONG BEACH, CALIFORNIA
THE CLEVELAND MUSEUM OF ART; OHIO
BROWN UNIVERSITY; PROVIDENCE, RHODE ISLAND
BRYANT UNIVERSITY; SMITHFIELD, RHODE ISLAND
BUCKNELL UNIVERSITY; LEWISBURG, PENNSYLVANIA
BARUCH COLLEGE; NEW YORK CITY
CARLETON COLLEGE; NORTHFIELD, MINNESOTA
CITY COLLEGE OF NEW YORK; NEW YORK CITY
COLUMBIA UNIVERSITY; NEW YORK CITY
THE DELAWARE ART MUSEUM; WILMINGTON, DELAWARE
DICKINSON COLLEGE; CARLISLE, PENNSYLVANIA
GEORGETOWN UNIVERSITY; DC
GEORGE WASHINGTON UNIVERSITY; DC
ROSS ART MUSEUM, OHIO WESLEYAN UNIVERSITY; DELAWARE, OHIO
OKLAHOMA UNIVERSITY
THE UNIVERSITY OF MARYLAND BALTIMORE
UNIVERSITY AT ALBANY-STATE UNIVERSITY; NEW YORK
UNIVERSITY OF MICHIGAN MUSEUM OF ART; ANN ARBOR, MICHIGAN
UNIVERSITY OF PENNSYLVANIA; PHILADELPHIA, PENNSYLVANIA
VANDERBILT UNIVERSITY; NASHVILLE, TENNESSEE
WAKE FOREST UNIVERSITY; WINSTON-SALEM, NORTH CAROLINA
CENTRO DI RICERCA ED ARCHIVIAZIONE DELLA FOTOGRAFIA, ITALY
RESIDENCE DES ARTISTES, TUNIS, MOROCCO
CENTRO CULTURALE BUSSA DE ROSSI TERESA ORSOLA, ITALY
THE JOSEPH M. COHEN COLLECTION; NEW YORK CITY

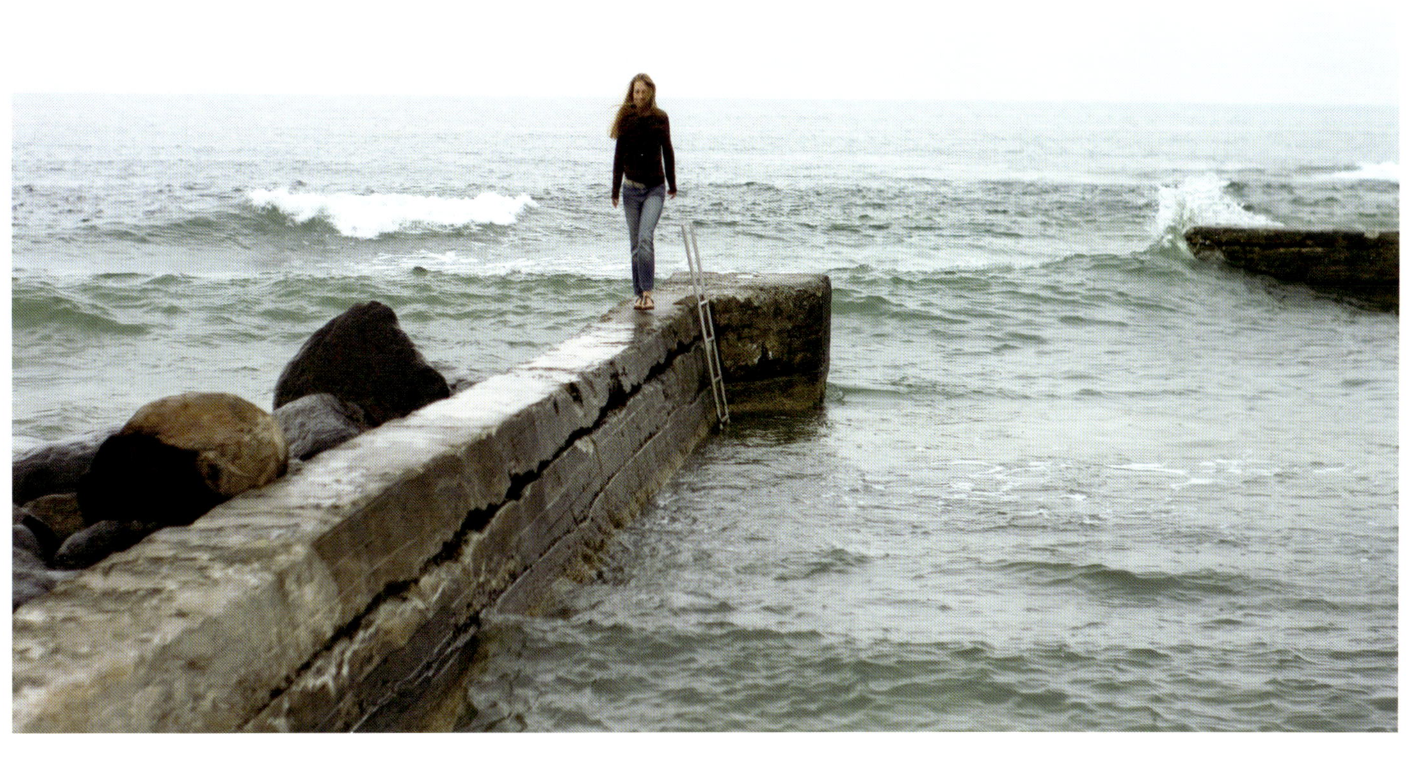

A thank you to the first to believe-
Paola & Roberto,
and to my 3 muses-
Cristina, Arianna and Cathrine